ビジネスで使いこなすための

ロジカルコミュニケーション77

LOGICAL
COMMUNICATION 77

日沖 健 著

産業能率大学出版部

はじめに

ロジカルなコミュニケーションがビジネスの鍵

　本書は、ビジネスパーソンがロジカルにコミュニケーションをするためのスキルを学ぶビジネス書です。

　ビジネスは、上司・部下・顧客・仕入先・株主といった関係者とのコミュニケーションによって進められます。コミュニケーションの巧拙が、ビジネスの成果を大きく左右します。

　コミュニケーションについては、次のようにマインド・姿勢の重要性がよく強調されます。

「真心を込めて気持ちを伝えることが大切だ」

「とにかく相手の懐に飛び込め」

　たしかに、こうしたマインド・姿勢が重要であることは間違いありません。人間は感情の動物なので、人と人の関係は、マインド・姿勢のあり方で大きく変わってきます。

　しかし、逆にマインド・姿勢が良ければ良いコミュニケーションができるかというと、そうとは限りません。いくら心が通い合っている相手でも、何を言っているかわからない状態では、仕事になりません。意図していることをわかりやすく伝える、相手の意図を正確に読み取る、といったスキルも大切です。

　また、そもそも次のような相手には、真心を伝えたり、懐に飛び込んだりするのは至難の業でしょう。

　　・外国人

　　・初対面の相手

　　・年齢が大きく離れた相手

　　・役職がかなり上の相手

　　・多人数の相手

　　・自分のことを嫌っている相手

ビジネスでは、「お客様と心が通い合えなかったから、商談がまとまりませんでした」では困ります。もちろん、どんな相手とも心を通わせることができるのが理想ですが、そうでなくても円滑にコミュニケーションを進めて成果を実現することが期待されます。

ここで鍵になるのが、ロジカルなコミュニケーションです。ロジカル（logical）とは、簡単に言うと事象間の筋道や構造がはっきりしていることです。主張と論拠、原因と結果、目的と手段といった筋道が明快だと、意図がしっかり伝わり、コミュニケーションがスムーズになります。

本書の内容

本書は、コミュニケーションのスキルを演習形式で学んでいただきます。

コミュニケーションに限らずすべてビジネスのスキルは、考え方を知るだけでなく、実際にビジネスのシーンで使いこなせることが大切です。そこで、ビジネス文書の読み書き、プレゼンテーション、部下との対話、会議の運営、商談・交渉といった代表的なシーンを取り上げ、７７問の演習を用意しました。

第１章から第３章では、話し方、読み書きというコミュニケーションの基本を確認します。第１章はロジカルなコミュニケーションの基本を説明・主張という話し方を通して検討します。第２章は読み手に伝わる文書の書き方、第３章は効率的な文書の読み方を学びます。

つづいて、第４章から第７章では、ビジネスへの応用を学びます。第４章は、プレゼンテーション、第５章は部下との対話、第６章は会議の運営、第７章は商談・交渉です。

なお、コミュニケーションは、この他にも挨拶・雑談・電話応対・飲み会など実に幅広いですが、本書は職場でロジカルにコミュニケーションすることが大切な分野に絞っていますので、ご了解ください。

本書の読み方・使い方

　第1章以降の本文は、一問一答の形式で、偶数ページが問題、奇数ページが解答・解説になっています。各問題がそれぞれ完結していますので、どこから読み進めていただいてもかまいません。

　まず、問題を読み、自分がその立場に置かれたと想定して解答を考えてください。できれば、読み流すだけでなく、手を動かして紙に解答を書くと良いでしょう。

　その上で、解答・解説を確認してください。コミュニケーションには絶対の原理・原則はありません。したがって絶対の正解もなく、解答はあくまで標準的な"解答例"ということになります。解説では、問題のねらい・解答の意図・理論的な背景などを説明しています。

　なお、本書は問題の多くは、ロジカルシンキング（論理的思考）がベースになっています。解説でも簡単に内容を紹介していますが、ロジカルシンキングについて詳しく学びたいという方は、拙著『実戦ロジカルシンキング』（産業能率大学出版部）などを参考にしてください。

　コミュニケーションの力は絶大です。コミュニケーション一つで、仕事の成果が出て仕事が楽しくなったり、成果が出ずつまらなくなったりします。

　読者の皆さんが本書でロジカルなコミュニケーションを学び、ビジネスで実践し、素晴らしいビジネスライフを送られることを期待します。

第 1 章

ロジカルな主張・説明

本書のはじめに、口頭で主張・説明する場面を題材にロジカルなコミュニケーションの基本を確認します。自分が考えていることを相手に納得してもらうには、自分の意図をロジカルに伝えて、理解してもらう必要があります。ロジカルに自分の意図を伝えるには、三角ロジック・演繹法・帰納法・因果関係・MECE・ディメンション・パラレルリズムといった考え方を適切に使い分けます。

　三田村さんは農機メーカーの営業所で所長をしています。全国の所長が集まる連絡会議の席上、三田村さんは次のように発言しました。

「テレワーク・短時間勤務・派遣労働といった働き方の多様化や働く人の価値観の変化が組織の運営に大きな影響を与えると言われます」

　三田村さんの発言に対して会議参加者からの反応はなく、すぐ次の話題に移っていきました。

問題

　事象間の筋道や構造がはっきりしていることをロジカル（logical）と言います。三田村さんの発言はロジカルでないと思われます。「働き方の多様化や働く人の価値観の変化」は事実であるとして、どのようにロジカルでないかを説明してください。

解答

　価値観の変化や働き方の多様化の影響や対策について三田村さんがどう考えているかわからない。主張が存在しない状態で、ロジカルでない。

解説

主張と論拠について確認する問題です。問題の通り、ロジカル（logical）とは事象間の筋道や構造がはっきりしている状態のことであり、主張と論拠の筋道については、以下の3つの条件を満たす必要があります。

① 主張が存在すること
② 論拠が存在すること
③ 論拠が主張を正しく支持していること

　三田村さんの発言は、単なる事実の提示で、それを論拠にした主張がありません。①を満たしていない状態です。

　三田村さんが指摘した事実について参加者は、「それがどうしたの？（so what?）」と思ったことでしょう。たとえば、以下のように明確に主張したら、参加者は賛否など反応したことでしょう。

　「テレワーク・短時間勤務・派遣労働といった働き方の多様化や働く人の価値観の変化が組織の運営に大きな影響を与えていることから、わが社でもメンバーの意見・要望を取り入れた柔軟な勤怠管理を行うべきだと思います」

　このように、ロジカルな主張の第一条件として、明確な主張が存在することが挙げられます。

　機械メーカーで事業企画を担当している村瀬さんが、部内会議の席上、次のようにコメントしました。

「わが社は今後もっと事業活動の合理化に取り組むべきです。なぜなら、これまでコスト削減の取り組みが不十分だったからです」

　しかし、会議参加者からは、「まあ、それもそうですね」と一言コメントがあっただけで、それ以上は議論が深まりませんでした。

問題

　村瀬さんのコメントはロジカルでないと思われます。どのような点でロジカルでないかを説明してください（P3の3つの条件では何を満たしていないでしょうか）。

解答　「コスト削減」は「事業活動の合理化」の一部分である。そのため、「なぜなら、これまでコスト削減の取り組みが不十分だったからだ」という論拠は、「わが社は今後もっと事業活動の合理化に取り組むべきである」という主張に包含されており、主張の繰り返しに近い形になってしまっている。事実上、論拠が存在せず、論理的ではない。

解説　前問に続き、主張と論拠に関する問題です。

村瀬さんのコメントは、１文目が主張、２文目が論拠のようです。しかし、図のように「コスト削減」は「事業活動の合理化」に包含され、ほぼ同じことを言っています。主張の繰り返しで、事実上論拠が存在せず、ロジカルであるための３つの条件の、②論拠が存在すること、を満たしていません。

われわれは、物ごとを一生懸命に主張しようとするほど、「合理化が必要です。なぜなら合理化が不十分だからです」という具合に、主張の繰り返しをしがちです。主張と論拠を揃えることに留意しましょう。

03 三角ロジックで主張する

　営業担当者の外山さんは、これから上司の中神課長と一緒に地下鉄でお客様の訪問に出かけるところです。

　時刻は現在午後２時で、訪問の約束は２時半です。

　外山さんは中神課長に次のように提案しました。

「課長、もう２時になってしまいました。約束の時間に遅れそうなので、タクシーを呼ぶことにしませんか」

　しかし、中神課長は、「タクシーね、それはどうだろう」と否定的でした。

問題

　外山さんの提案に中神課長が否定的だったのはなぜでしょうか。理由を推測してください。

　なお、お客様との約束は非常に大切で、タクシー代の負担は問題ないものとお考えください。

解答

外山さんの提案には、「タクシーを利用することで、（予定していた地下鉄よりも）時間を短縮できる」というワラントが隠されており、中神課長はワラントが疑わしいと考えたから。

解説

この問題では、三角ロジックの基本を確認します。スティーブン・トゥールミンが提唱する三角ロジックは、主張を事実・ワラントからなる論拠で説明する論理展開の方法です。

「タクシーを呼ぼう」という外山さんの主張は、「２時を過ぎ、２時半の約束に遅れそう」という事実だけでは、十分な論拠にはなりません。解答のように、「タクシーを利用することで、時間を短縮できる」というワラントが必要で、しかもそのワラントに中神課長が同意する必要があります。

中神課長は、タクシーがすぐ捕まらない、渋滞に巻き込まれる、といった理由からこのワラントに懐疑的だったのでしょう。

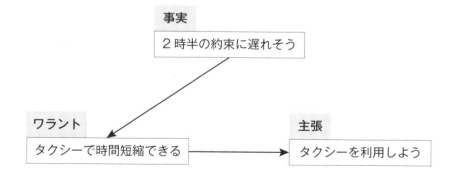

演繹法で主張する①

　あるアパレルメーカーの営業管理部の杉下さんが、２年前に投入した婦人服ブランド「ノーブル」について、部内会議の席上、次のように主張しました。

「ノーブルは 2015 年にリリース（投入）以来不振で、２年間赤字が続いています。わが社の事業管理ルールでは、リリース後２年間赤字が続いたブランドを廃止することになっています。ここは残念ながら、ノーブルを廃止するべきではないでしょうか」

　しかし、出席者は皆「廃止まではどうかなぁ」「ちょっと性急な過ぎないか」と杉下さんの主張に否定的で、廃止という結論には至りませんでした。

問題

　杉下さんの主張が受け入れられなかったのはなぜでしょうか。理由を推測してください。

解答

・「ノーブルは２年間赤字」という指摘が納得できない
　　たとえば、会計処理の変更という特殊要因で赤字に
　　なったが、実質的に黒字である。

・「２年間赤字ならブランド廃止」という社内ルールが納得できない
　たとえば、投入３年目以降によく売れる場合があり、ルールが実態に合って
　いない。

解説

演繹法の基本に関する問題です。

演繹法は、観察・ルール・結論の３つで論理展開する
のが演繹法です。主張と論拠ということでは、結論が主張、観察とルールが論
拠です。

杉下さんの主張は、以下のように典型的な演繹法の論理展開です。

観　　察「ノーブルは２年間赤字」
ルール「社内ルールでは２年間赤字ならブランド廃止」
結　　論「ノーブルを廃止するべき」

この結論が受け入れられなかったのは、観察あるいはルールに問題があった
ということになります。演繹法の主張の説得力を高めるには、以下の３点に注
意します。

① 観察が真であること
② ルールが真であること
③ ルールと観察の対応が適切であること

杉下さんの場合、解答のように、①か②で問題があったのでしょう。なお、
③については次の問題で検討します。

　建設会社で働く鈴木さんは、最近体調を悪くし、会社を休むことが多くなっています。

　同僚の都築さんは、鈴木さんのことを心配して別の同僚に次のようにコメントしました。

「鈴木さんは心臓を悪くしているようですね。心配です。この間、テレビの報道番組でランニングが健康に良いと言っていました。鈴木さんはランニングをするべきだと思います」

　都築さんのコメントを聞いた同僚は「うーん」とうなり、黙ってしまいました。

問題

　都築さんの主張は、説得力に欠けると思われます。論理展開の問題点を指摘してください。

解答

　そもそもランニングをするには健康体である必要があり、ルールの「ランニングは健康に良い」は、健康体の人がより健康になるために言える事がらである。健康ではない鈴木さんにランニングを勧めるのは合理的ではない。

解説

　前問につづき、演繹法に関する問題です。
　都築さんの主張は、以下のように演繹法による論理展開です。

観　察「鈴木さんは心臓が悪い」
ルール「ランニングは健康に良い」
結　論「鈴木さんはランニングをするべきだ」

　この論理展開は、一見、筋道が通っているようですが、ランニングをするにはそもそも健康体である必要があります。「ランニングは健康に良い」というルールは、正確に言うと、「すでに健康な人がさらに健康になるためにランニングは良い」ということで、健康でない鈴木さんには当てはまりません。
　演繹法では、本問のように、観察が真で、ルールが一般的に真であっても、組み合わせが悪いとロジカルでない主張になってしまうことがあります。また、極端な政治的な主張をする場合、「教育の機会は平等であるべきだ。よって平等に反する男子校・女子校は廃止するべきだ」などと、否定しにくい一般論を振りかざすことがあります。
　説明・主張したい内容にルールが厳密に当てはまるのか、注意深く確認する必要があります。

演繹法で主張する③

　建設会社で建設現場の監督係をしている園田さんは、総務部の担当者に次のように提案しました。

「最近、作業員のモチベーションが下がっています。遅刻、うっかりミス、無駄話しなどが明らかに増えています。気分転換に作業着を明るい色のものに変えたいと思うのですが、どうでしょうか」

　しかし、総務部の担当者は「それはダメですね」と即座に却下しました。

問題

　園田さんの提案は演繹法による論理展開ですが、ルールが省略されています。省略したルールは何でしょうか。
　また、「作業員のモチベーションが下がっている」のは事実として、園田さんの提案が通らなかった理由は何でしょうか。

解答

　ルール「作業着を明るい色に変えると作業員の（気分転換になる、気分転換ができると）モチベーションが上がる」

　上記ルールの費用対効果が疑わしいので、総務部の担当者は却下した。

解説

　次問以降で検討する帰納法と比較して、演繹法には以下のような特徴があります。

① **結論は一つ**（帰納法では結論は多数）
② **日常のコミュニケーションではよく観察・ルール・結論のうち１つを省略する**（帰納法では省略はない）

　本問は②に関する問題です。この場合、解答のようなルールが隠されており、以下のような演繹法の論理展開になっています。

観　察「作業員のモチベーションが下がっている」
ルール「作業着を明るい色に変えると作業員のモチベーションが上がる」
結　論「作業着を明るい色のものに変えよう」

　コミュニケーションを簡略化するために、よく観察・ルール・結論のうち１つを省略します。省略したパーツが相手との間で共有されていれば良いのですが、共有が不十分だと誤解を生んでしまったりします。

　よく分かり合えていない相手とのコミュニケーションでは、あまり省略せず観察・ルール・結論を丁寧に示すようにすると良いでしょう。

　ある食品スーパーチェーンの杉浦店長が、各店の店長が集まる店長会の席で次のようにコメントしました。

「わが店は、サービス向上に取り組んできましたが、低価格化も重要な課題ではないでしょうか。

　所得減少で勤労者世帯の低価格品へのニーズが増えています。競合店が低価格攻勢を強めています。品質の良い低価格の輸入品が増えています。

　サービス向上という即効性のない取り組みは即座に中止するべきです」

問題

　杉浦店長のコメントは説得力に欠けると思われます。説得力に欠ける理由を説明してください。

　なお、低価格品へのニーズが増えている、競合店が低価格攻勢を強めている、品質の良い低価格の輸入品が増えている、といった指摘は正しいものと考えてください。

解答

　低価格化の必要性について低価格化と関連する事実を用いて論じており、「サービス向上という即効性のない取り組みは即座に中止するべきです」という結論は、提示した事実からは飛躍している。

解説

　帰納法の基本に関する問題です。帰納法は、複数の事実の集合から共通する事がらを結論として導き出す論理展開の方法です。杉浦店長のコメントは、以下のように典型的な帰納法です。

観察1「勤労者世帯の低価格品へのニーズが増えている」
観察2「競合店が低価格攻勢を強めている」
観察3「品質の良い低価格の輸入品が増えている」
結　論「サービス向上という即効性のない取り組みは即座に中止するべき」

　杉浦店長が示した観察1・2・3ともに、低価格化について述べており、結論は、低価格化に関連したことに限定するべきでしょう（たとえば、「低価格化への対応が必要である」）。
　本問のように、帰納法ではよく、観察からかけ離れた結論を導いてしまうことがあります。提示した観察から「どこまで言えるのか？」を慎重に検討する必要があります。

08 帰納法で主張する②

　東京に本社がある自動車部品メーカーの浜松工場（静岡県浜松市、従業員数900名）で工場長をしている間瀬さんは、本社の幹部会議の席で、以下のようにコメントしました。

「わが浜松工場では、静岡県出身者が多数働いています。
　（静岡県）浜松出身の猪木さんは作業が正確です。同じく浜松出身の浜口さんは高度な加工技術を持っています。同じく浜松出身の原さんは、誰よりも粘り強く成果実現まで頑張ります。
　このように静岡県出身者はたいへん優秀で、わが社のような工場の作業に静岡県出身者は向いていると言えます」

　この間瀬さんのコメントを聞いた他の経営幹部は、「ほんとかな」「なぜそういう結論になるの？」と口々に疑問を挟みました。

問題

　間瀬さんのコメントが経営幹部に受け入れられなかったのはなぜでしょうか。理由を推測してください。

解答

・猪木・浜口・原の 3 名が優秀ではないと考えた。

・900 名の工場で 3 名ではサンプルが少なすぎる。

・3 名は浜松市（静岡県の西部）の出身で、静岡県出身者全体とは必ずしも一致しない。

解説

　帰納法の観察の取り方に関する問題です。間瀬さんは、帰納法で「静岡県出身者は優秀」という主張（結論）を導き出していますが、解答の通り、観察（サンプル）の採り方に問題があります。

　帰納法で確からしい結論を導き出すには、以下 3 点に注意して観察を採ります。

① 観察が結論に対して真であること

　結論と反する観察が現れたら、基本的には結論が成り立たなくなります。たとえば、経営幹部が過去に 3 名の悪い噂を耳にしているなら、「静岡県出身者は優秀」という結論は成り立ちません。このように事実で結論を棄却することを反証と言います。ただし、3 人は例外だという解釈も成り立ちますから、一つでも結論に反する観察が現れたら即座に結論が成り立たなくなるとは限りません。

② 十分な数の観察があること

　説明する対象を構成するすべての要素を観察するのが理想ですが、観察数が多くなるとそれは難しいので、対象からいくつかの観察を選びます。900 名いる工場、約 360 万人いる静岡県人を論じるにはもっと多数の観察がないと確かな結論にはなりません。

③ 観察が説明する対象を代表していること

　この例では、3 名は浜松出身者で、静岡県出身者と必ずしも一致しません。静岡県出身者全体について主張したいなら、静岡市など東部のサンプルも採る、浜松のような都市部だけでなく郡部のサンプルも採る、という工夫が必要です。

09 演繹法と帰納法を組み合わせて主張する

　製薬会社で商品企画を担当している森下さんは、考案した風邪薬のコンセプトについて部内会議で以下のように説明しました。

「このところ1個450円のオフィス配達弁当が流行っています。食品スーパーではクーポンの利用率が高まっています。飲食店では、ハッピーアワー（価格を安くする時間帯）での客足が増えているそうです。このように、消費者は低価格志向を強めています。

　今回考案した新しい風邪薬は、他社の同効能・同容量の商品に比べて2割程度安価です。必ずやこの風邪薬はヒットすることでしょう。ぜひとも商品化したのですが、いかがでしょう」

　この森下さんの説明を聞いた部内メンバーの反応は鈍く、「たぶん売れないだろう」ということで、商品化は見送られました。

問題

　森下さんの説明に部内メンバーの反応が鈍かったのではなぜでしょうか。理由を推測してください。なお、「2割程度安価」というのはメンバーの共通認識としてかなり安いものと考えてください。

解答　1．以下の理由から「消費者は低価格志向を強めています」という説明に納得できなかった。

・3つの事例が本当かどうか疑わしい。

・事例の数が少なく、消費者全体に言えることなのか疑わしい。

・事例が食品関係に偏っている。

2．風邪薬は効能・安全性などが重要で、安さはあまり重要ではないと考えた。

（これらは論理的に考えられる理由です。他にも森下さんの発表態度が気に入らなかったなど、論理以外の理由もありえます）

解説　Ｐ8からＰ17では、演繹法と帰納法を別々に検討しましたが、本問のように両方を使って主張・説明することがよくあります。

森下さんの説明は、1段落目が帰納法で「消費者は低価格志向を強めています」という結論を導き出しています。そして2段落目では、「消費者は低価格志向を強めています」をルールとして（1段落目で説明しているので、2段落目では省略）、演繹法で「必ずやこの風邪薬はヒットすることでしょう」という全体の主張をしています。

論理という点では、帰納法で導き出した結論の説得力がなかったか（1）、結論が風邪薬にも当てはまらないと思われた（2）、ことが理由として考えられます。

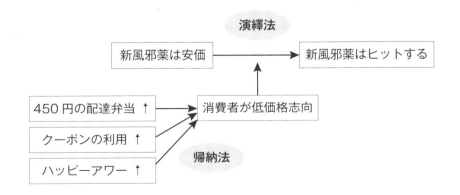

演繹法

新風邪薬は安価　→　新風邪薬はヒットする

450円の配達弁当 ↑　→　消費者が低価格志向

クーポンの利用 ↑

ハッピーアワー ↑　　帰納法

反証可能性のある
主張をする

　厨房機器を製造する中島製作所は、1965 年に中島辰之助が創業
し、彼の強力なリーダーシップで半世紀に渡って順調に発展してきま
した。しかし、8 年前に創業者の中島辰之助が亡くなり、この数年は、
競合の低価格攻勢に押されて業績は伸び悩んでいます。さらに悪いこ
とに、先月、S 市にある主力工場が直下型地震の直撃で壊滅的な被害
を受け、経営が危機的な状況に陥っています。

　ここで、古参社員の山縣さんが以下のように発言しました。

「創業者（中島辰之助）がご存命だったら、適切な対応策を取って、さっ
さと事態を立て直したに違いない。な、そう思うだろ」

　この発言を聞いた職場のメンバーは、「ええ」とあいまいに相槌を
打ち、それ以上は山縣さんのことを相手にしませんでした。

問題

　山縣さんの発言がメンバー受け入れられなかったのはな
ぜでしょうか。理由を推測してください。

解答

　すでに中島辰之助は死んでおり、現在の状況に対応することはできない。山縣さんの主張は反証可能性がなく、議論を進めても意味がないので、メンバーは無視した。

（山縣さんのことが嫌いだから、昔話を聞きたくないから、など他の理由も考えられます）

解説

　反証可能性に関する問題です。

　ある命題（主張・説明など）を事実で否定することを反証と言います。すでに創業者の中島辰之助は死んでおり、生き返って経営の指揮を執ることは不可能です。山縣さんの発言は反証の余地がなく、これ以上議論を深めることできません。

　哲学者カール・ポパーによると、「科学的」とは反証可能性を備えている状態です。正しいかどうかではなく、事実による検証・反証という手続きの問題なのです。そして、すべての命題は仮説であり、科学の法則とは、「反証可能性があるが、まだ反証されていない仮説」ということになります。

　もしもメンバーが山縣さんの発言に「その通り！」と賛同したとしたら、この発言は「科学的ではないが、おそらく正しい」ということになります。ちなみに、バカボンのパパが「西から登ったお日様が東に沈む」と言ったのは、明日の朝に反証できるので、「科学的だが、正しくない」ということです。

　もちろん、主張・説明するときには、科学的で正しい仮説を提示するべきです。

11 因果関係を正確に捉える

　食品メーカーの管理部に所属する川又さんは、部内会議の席上、以下のように提案しました。

「ライバルのN社は、小中学校での食育支援にボランティアで取り組んでおり、業績が向上しています。わが社も食育支援に取り組むことを提案します」

　しかし、出席者は部長を始め「説得力に欠ける」という反応で、川又さんの提案は実現に至りませんでした。

問題

　N社が食育支援のボランティアで取り組んでいることや業績が向上していることは事実であるとして、出席者が提案に同意しなかったのはなぜでしょうか。理由を推測してください。

解答

・N社1社だけでは、単なる偶然かもしれない。
・N社は業績が良いから余裕があり、食育支援をしており、因果が逆。
・N社は業績が上がる前から食育の支援に取り組んでいた。

解説

　因果関係の基本に関する問題です。原因と結果の関係のことを因果関係と言い、「Aが原因でBという結果が起こった」という因果関係が成立するには、以下の3つの条件を満たす必要があります。

① Aが変化すればBが変化すること（相関性）
② AはBに先行して起こっていること（時間的先行性）
③ Bの原因はAだけで他の要因がないこと（疑似相関の欠如）

　この問題では、単なる偶然なら①を満たしません。業績が良いから食育支援に取り組んでいるなら、また、食育支援に取り組む前から業績が良かったら、②で因果が逆になります。
「地震が直撃して、建物が倒壊した」という具合に、多くの場合、因果関係は明瞭です。しかし、本問のように疑わしい場合、3つの条件が当てはまるかどうか確認する必要があります。

因果関係・単純相関・独立の混同を避ける

　自動車販売会社で営業所長をしている大谷さんは、週1度の朝礼で、営業担当者たちに次のように提案しました。

　「私はこれまで4つの営業所で働いてきました。私の経験では、外交員の出社時間が早い営業所ほど営業成績が良く、出社時間が遅い営業所では成績が振るいませんでした。そこで、来週から、始業1時間前の8時に出社することにしたいと思いますが、どうでしょう？」

　しかし、営業担当者たちの反応は悪く、大谷さんの提案は実現に至りませんでした。

問題

　大谷さんの提案に賛同が得られなかったのはなぜでしょうか。理由を推測してください。

解答

　営業担当者たちは、早朝出社と営業成績に、強い因果関係を認めていない。非常に弱い因果関係か、独立・単純相関と考えた。

　あるいは、物理的に早い出社が難しいとか、早起きが嫌いといった、その他の理由の可能性もある。

解説

　本問は、因果関係・単純相関・独立の判別に関する問題です。

　ある事象と別の事象に連動性がない場合を独立、連動性がある場合を相関と言います。相関のうち、原因と結果の関係にあることを因果関係、連動性はあるが因果関係にない場合を単純相関と言います。

　「早朝出社」と「営業成績」について、大谷さんは因果関係を想定していますが、独立・単純相関の可能性があります。因果関係の場合、早く出社して仕事の段取りをするということでしょうが、その効果が一日中続くとは思えず、弱い因果関係です。早く出社しても、仕事の段取りなどしなければ独立です。また、「やる気」を第三因子（共通の原因）とした単純相関の可能性もあります。独立・単純相関の場合、早く出社しても営業成績には影響しません。

　実際に営業担当者たちが弱い因果関係・独立・単純相関のどれだと思ったかは、彼らがそれまでの経験や見聞きしてきたことによって決まってきます。たとえば、過去に早朝出社したが営業成績が上がらなかったといったマイナスの経験があるなら、独立と捉えるでしょう。

ディメンションを揃える

　部品商社の物流センターの清水センター長は、新年度を迎えるにあたり、メンバーに対してセンターの方針を説明しました。

「当物流センターの新年度の方針は2つあります。
　一つは、コストを削減することです。
　もう一つは、この3月に導入した新商品管理システムの営業所への周知徹底を図ることです。」

問題

　この清水センター長の方針説明は、聴き手にとって違和感があると思われます。どのような点で違和感があり、どう改善すれば良いでしょうか。

解答

　２つの方針のディメンションが揃っていないことに聴き手は違和感を覚える。「コスト削減」はディメンションが高すぎるので、図のように具体的な内容を伝える。

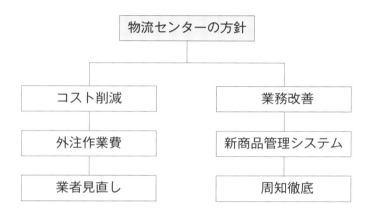

解説

　ある事がらの抽象水準のことをディメンション（dimension）と言います。清水センター長の方針説明では、「コスト削減」はディメンションが高く、「新商品管理システムの営業所への周知徹底」はディメンションが低い状態で、レベルが揃っていません。

　ディメンションが揃っていない状態だと、聴き手は高い方（ここでは「コスト削減」）について、どういうコストをどう削減するのか、といったもっと具体的な内容を知りたくなります。

　２つ以上の事がらを説明するときには、できるだけディメンションを揃えるようにします。

MECEかどうか
確認する

　経営者の平野さんが経営者団体の年次総会の基調講演の中で、次のようにコメントしました。

　「私はこれまで、先輩・同僚の経営者、政治家、軍人など、世界の様々なリーダーとお会いしてきました。そしてわかった優れたリーダーの条件はたった3つ、包容力・意思決定力・決断力です」

　講演の終了後、何人かの出席者から「平野さんの発言は説得力に欠ける」という否定的な反応がありました。

問題

　出席者が平野さんのコメントが説得力に欠けると思ったのはなぜでしょうか。図を使って説明してください。

解答　平野さんが指摘した包容力・意思決定力・決断力の3つのうち、意思決定力と決断力はほとんど同じで、ダブっている。また、3つの他にも、人間的魅力や経営知識など色々な要素があり、重要な条件がモレている可能性が高い。よって、図のようにダブリもモレもある状態である。

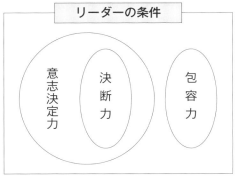

解説

　複数の事象を分類・整理するとき、われわれは「すべての要素が出尽くしていて、モレがないか」と「出てきた要素がダブっていないか」という2つを意識します。

　分類・整理にモレがなく、かつダブリがない状態のことを「ＭＥＣＥ（Mutually Exclusive, Collectively Exhaustive ダブリなく、モレなく。"ミッシー" と読みます）」といいます。モレとダブリの関係は、以下の4通りです。

① モレはないが、ダブリがある
② ダブリはないが、モレがある
③ モレもダブリもある
④ モレもダブリもない（ＭＥＣＥ）

　平野さんの説明は③ モレもダブリもある、最も好ましくない状態です。

パラレリズムを意識する

　機械メーカーの総務部長の関口さんが経営会議の席上、総務部の業務改善について次のように説明しました。

　「部内の秘書・法務・施設管理の３グループについて、以下の通り考えています。

　秘書グループは、役員のスケジュール管理の精度向上を目的に、新たなスケジュール管理システムを導入します。システムの利便性を高めることに留意します。

　法務グループは、中国における特許侵害状況の実態調査を行います。現地の法規制や商慣習の違いなどに留意しながら、最終的に特許侵害件数をゼロにすることを目指します。

　施設管理グループは、工場の近隣の地価が高騰している点に注意しながら、事業拡張と資金負担の軽減を両立させることを目標に、今年度中に用地取得を完了するつもりです」

　この説明に対し、経営会議の出席者からは、「わかりにくい」という声がたくさん出てきました。

問題

　説明の具体性が足りないという点以外に出席者が「わかりにくい」と感じたのはなぜでしょうか。関口さんの説明の問題点と改善の方向性を示してください。

解答　パラレリズムを守っていない。

→以下のように、パラレリズムを意識した構成にする。

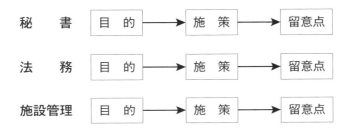

秘　　　書	目　的 → 施　策 → 留意点
法　　　務	目　的 → 施　策 → 留意点
施設管理	目　的 → 施　策 → 留意点

解説

　パラレリズムに関する問題です。パラレリズム（parallelism）とは並列関係を意味します。複数の事がらを説明するとき、内容・構成・表現など統一することです。

　この問題で関口さんは、3グループのうち最初の秘書グループについて、「目的」→「施策」→「留意点」という順序で説明しました。すると、聴き手は次の法務グループもその次の施設管理グループも同じ順序で「目的」→「施策」→「留意点」と説明するだろうと予測します。

　この予測に反して関口さんは、法務グループでは「施策」→「留意点」→「目的」、施設管理グループでは、「留意点」→「目的」→「施策」という順序で説明しました。パラレリズムを守っていないので、出席者は「わかりにくい」と感じたのでしょう。

　パラレリズムはあまり聞きなれない言葉だと思いますが、ロジックを重視するアメリカでは高校で教えられている重要な考え方です。ビジネスの伝達では、できるだけパラレリズムを守るようにします。

COLUMN

「クールヘッド、バット・ウォームハート」

「はじめに」で強調した通り、現代のビジネスではロジカルにコミュニケーションすることが大切です。ただし、ロジカルであれば万事うまく行くかというと、そうではありません。ロジカルなコミュニケーションには限界もあります。

　まず、ロジカルさは、客観性や正当性と同じとは限りません。ロジカルとは、筋道が通っているかどうかにすぎず、「ロジカルに間違える」「ロジカルだけど偏った意見」ということが起こりえます。たとえば、演繹法で「未成年の犯罪を罪に問うべきではない」という価値観をルールに使うと、結論に賛同しない人も出てくることでしょう。

　また、基本的にはロジカルだと分析・主張の説得力が高まりますが、それ以外の要因に大きく左右されます。とくに対面のコミュニケーションでは、ロジカルかどうかよりも、態度・表情・声の調子、その人の経験・人柄、あるいは場の雰囲気などの方が重要だったりします。ロジカルに理路整然と話すと、説得力が高まるどころか、「温かみのない人」「融通が利かない人」というマイナスの印象を与えてしまうこともあります。

　経済学の巨人・アルフレッド・マーシャルは、オックスフォード大学の学生たちに「Cool head, but warm heart（冷静な頭脳を持つ一方で、暖かい心を持とう）」と教えたそうです。これは学問に取り組む姿勢に関する言葉ですが、ロジカルな冷静さと相手の気持ちを思いやる温かさを併せ持つというのは、わたしたちのビジネス・コミュニケーションにも大いに当てはまるのではないでしょうか。

第 **2** 章

伝わるビジネス文書の書き方

ビジネスでは、報告書・提案書・メール・ＳＮＳなど、文書でコミュニケーションする機会が増えています。ビジネス文書を作成する上で大切なのは、自分の意図が正確に相手に伝わることです。この章では、構造が明確で表現が簡明な伝わりやすいビジネス文書の書き方を検討します。

読んでもらえる
タイトルをつける

　ITサービス会社で営業担当をしている金井さんは、顧客であるサンエー工業との関係で困った状況になっています。

　サンエー工業からは昨年、生産管理システムを受注し、来年３月のリリース（運用開始）に向けて開発部がシステム開発をしています。サンエー工業は事業改革を進めており、今後も受発注システムの更新が予定されており、金井さんは営業活動を進めています。

　先週、サンエー工業のシステム部長から、次のような要請を受けました。

　「３月のリリースを予定していたが、３月は組織改編や人事異動で混乱するので、１月末に早めてほしい。また保守サービス料につき30％以上の値引きをお願いしたい。この２点を受けていただけないようなら、貴社との取引を今回限りとさせていただく」

　そして、これらにつき２週間以内に回答するよう言われました。

問題

　金井さんは、この状況を受け、関係者に文書で報告したいと考えています。報告文書にどのようなタイトルを付ければ良いでしょうか。

　なお、サンエー工業から生産管理システム受注し、現在システム開発を進めていることは関係者の間で周知であると考えてください。

解答

「サンエー工業からの追加要請につき報告・依頼（至急）」

解説

　"文書の洪水" になっている今日の職場では、ビジネス文書を読んでもらえないということがよくあります。われわれは、送り手とタイトルを見て読むか読まないかを判断しますから、伝わるビジネス文書を作るには、内容以前にまず読んでもらえるタイトルを付けることが大切です。

　タイトルを見て読んでもらうには、その文書で伝えたいことを簡潔に表現することが大切です。

　本問では、次のようなタイトルを付けたらどうなるでしょう。

「サンエー工業の件」

「サンエー工業・生産管理システムの件」

　読み手は「ああ、あのサンエーの件ね」ということで、読んでもらえないかもしれません。緊急性を知らせるには、「追加要請」か「至急」を入れるようにします。

　解答では、状況を報告するだけでなく、関係部署に予算措置やスケジュール変更などを依頼するので、「報告・依頼」としています。タイトルが長くなりすぎるのを避けるため、「生産管理システム」は省略しています。

　なお、こういう場合、「至急」とか「重要」と入れますが、どんな文書にでも入れるとオオカミ少年になってしまいます。肝心なときに確実に読んでもらえるよう、できるだけ「至急」「重要」を使うのは避けるようにします。

17 冒頭で全体の要約を示す

　工具メーカーで製品開発を担当している須藤さんは、昨年、重要顧客である工務店J社からの依頼を受けて、従来製品から3割以上軽量化した新機種の開発に着手しました。

　いくつかの技術的な問題があり、開発作業は難航しましたが、今春、何とか試作品を製作できました。ただ、新機種は製造コストが高く、市場調査部門の意見ではそれほど大きな需要が見込めないことが判明しました。

　須藤さん始め開発部門では、いったん「製品化するべきではない」という結論に達しました。しかし、営業部門の「重要顧客からの是非ともという依頼だから」という強い意見を受け入れて、量産化に向けた開発を進めることになりました。

　ただし、採算性を高めるには、コストダウンが必要です。新機種のコストダウンを検討するために、量産化に向けた開発に通常よりやや長めの半年程度の検討期間が欲しいと須藤さんは考えています。

問題

　須藤さんは、以上を関係部署に文書で報告する予定です。報告書の読み手が短時間で状況を理解できるよう、内容を要約して報告書の冒頭に記述します。100字以内で要約を作成してください。

解答

　昨年Ｊ社からの依頼を受け開発を進めてきた軽量化な新機種の試作品が完成した。今後、量産化に向けた開発を進めたい。ただし、新機種のコストダウンを進めたいので、半年程度の検討期間をいただきたい。＜94字＞

解説

　文章の冒頭部分に関する問題です。

　文書は、読み手の立場や関心によって読み方が大きく異なります。この問題ですと、報告書を読む関係者の関心は、以下のようになります。

✓　**経営陣**：懸案がどうなったか知りたい→結論の箇所だけさっと読む。

✓　**開発部門の関係者**：開発の細かい経緯を知りたい→報告書全体をじっくり読む。

✓　**営業部門の関係者**：結論と今後の対応を知りたい→関係箇所だけさっと読む。

✓　**市場調査部門の関係者**：結論と自分たちの意見が検討にどう反映されたか知りたい。→関係箇所だけさっと読む。

　ビジネスでは、すべての読み手がじっくり読むとは限りません。長めの文書では、全体の要約を冒頭に提示すると良いでしょう。冒頭に要約があると、読み手は立場や関心の違いに応じて本文の読み方を変えることができます。解答の通り、要約では結論に至った細かい経緯などは思い切って省略しています。

　よく「終わり良ければすべて良し」と言いますが、ビジネス文書では最初が肝心なのです。

論理順で構成する

秋丸さんは、居酒屋チェーンで店長をしています。

このチェーンでは、全16店舗で11：00～14：00と17：00～23：00の営業時間でしたが、昨年暮れ、接客スタッフや調理担当者の人手不足を理由に昼間の営業を取りやめ、夜間のみの営業に変更しました。

ところが、住宅地に立地する秋丸さんの店舗では、退職した高齢者が昼呑みをすることが多く、今年に入ってお客様から「どうして昼間の営業を止めたんだ」という意見が多数寄せられています。近隣のライバル店は、「昼宴会コース」を導入し繁盛しています。

秋丸さんはチェーン本部に特別に昼間の営業を許可するよう、提案したいと考えています。

問題

秋丸さんが提案書を作成するとしたら、どのような順序で文書を構成しますか。箇条書きで構成を示してください。

解答

① はじめに
② 提案内容
③ 市場・顧客の分析
④ 競合の分析
⑤ 当店の経営資源の分析
⑥ 計画・スケジュール
⑦ まとめ

解説

　文書の構成に関する問題です。

　読み手が文書をしっかり読んでくれるとは限りません（P37 を参照）。文書を構成する上で大切なのは、しっかり読んでくれなくても伝わるように簡潔なストーリーにすることです。

　わたしたちはよく、時間順でものごとを説明します。しかし、昨年からどういう経緯があって、最終的に今後こうしたい、という具合に説明すると、結論が最後に出てくるので、しっかり読んでくれる相手でないと意図が伝わりません。

　今回のようにすでに背景・事情などをかなり共有している社内の相手に対する文書では、余計な背景・事情などを含む時間順よりも、主張→論拠、という論理順にすると良いでしょう。

　解答のうち、②が主張、③④⑤が論拠、⑥が主張の具体策です。この順序ですと、読み手は②で結論を知り、関心があったら③④⑤、さらに必要に応じて⑥を読む、という読み方ができます。

　なお、③は Customer、④は Competitor、⑤は Company という３Ｃの構成になっていることも、読み手の理解を助けています。

19 平易に表現する

　以下は、ある営業マンが取引で迷惑をかけた顧客に対して送付した謝罪文書の一部です。

　「このたびは、下名の手違いにより貴社に甚大なるご迷惑をお掛けしたことを深謝申し上げます。
　貴社がお困りの状況を忖度し、対策が問題解決に結びつく蓋然性が低いと認識しながら性急に実施してしまい、誠に遺憾であります。
　捲土重来を期してサービスに邁進する所存ですので、何卒ご容赦のほどを申し上げます」

問題

　この文章はかなり読みづらいと思われます。内容を変えない範囲でわかりやすい表現に修正してください（辞書を見ても構いません）。

解答

このたびは、私の手違いにより貴社にたいへんご迷惑をお掛けし、深くお詫び申し上げます。

貴社がお困りかと考え、対策が問題解決に結びつくかどうか疑わしいと思いながら慌てて実施してしまいました。申し訳なく思っております。

今回の反省を踏まえてサービスに努めて参りますので、お許しをいただきたいと思います。

解説

文章の表現に関する問題です。

ビジネス文書を書く時、丁寧さや正確さを増すようにと、日常会話やメール・ＳＮＳでは使わない用語を使ってしまうことがあります。挨拶で「ご清祥のこととお慶び申し上げます」などと始めたり、今回のような謝罪文書で硬い表現をするのは、ある程度仕方ありません。

ただ、極端に文語的で難解な表現だと、受け手は「体裁を繕うことだけを考えていて、本心から書いていないな」と受け止めてしまう場合があります。良かれと思った丁寧な表現が逆効果になってしまうわけです。

問題の文章は、「下名」「甚大」「深謝」「忖度」「蓋然性」「捲土重来」「邁進」といった日常会話で使わない用語が多数含まれています。

こういう表現は避けて、日常的に使うわかりやすい表現を用いるようにします。

なお、ある業界の中だけでしか使わない用語は、使っている当人には日常用語でも、聴き手にとっては難解な専門用語になってしまいます。こちらもできるだけ使わないようにします。

簡潔に表現する①

以下は、人事部門の担当者が社内報に寄稿した文章の一部です。

「このところ日本企業では、労働者が規定の労働時間を超えて働く企業の増加傾向が最近日本全体で問題になりつつあるところです。

　わが社でも、ノー残業デーの設定を行ったり、専門的なスキルを持ったスペシャリストによる相談窓口の設置を行ったりするなど制度的な対応を社内的に進めています。

　ただ、私の考えでは、まず第一に重要なのは、社内の職場で日常的なコミュニケーションを日ごろから深め、協力して力を合わせて仕事を進めることが大切だと思います」（215字）

問題

　この文章は、表現が回りくどく、読みにくいと思われます。
　内容を変えずに、120字以内に書き直してください。

解答

　最近日本では、残業時間の増加が社会問題になっています。わが社でもノー残業デーの設定や専門家相談窓口の設置など制度的な対応を進めています。ただ、職場で日常のコミュニケーションを深め、協力して仕事することが大切だと思います。＜110字＞

解説

　問題の文章のような回りくどい表現は、読み手は理解が難しくなりますし、そもそも「読もう」という気をなくしてしまいます。
　問題の文書には、次のような冗長な表現があります。

・**労働者が規定の労働時間を超えて働く**　→残業
・**専門的なスキルを持ったスペシャリストによる相談窓口**　→専門家相談窓口

　また、重ね言葉（意味が同じ言葉を重ねて使うこと）も目立ちます。

・**このところ〜最近**
・**日本企業では〜日本全体で**
・**わが社でも〜社内的に**
・**私の考えでは〜思います**
・**まず〜第一に**
・**日常的な〜日ごろから**
・**重要なのは〜大切だ**

　ビジネスの文書では、こうした冗長な表現や重ね言葉を避けるよう心掛けます。

　ある会社の秘書が、担当する江崎常務の近況について以下のようなメモで秘書課長に報告しました。

「先週江崎常務は、学生時代からの知人で不動産業を営んでいる中山氏と銀座のバーでたまたま会い、すっかり意気投合し、共同で不動産開発事業を展開しようという話になり、社内の関係部署に関連する事業を実施していないかどうか問い合わせましたが、そうした動きはなかったようで、現在、プロジェクト発足に向けて調整しています」

問題

　この文章は受け手の秘書課長にとって読みにくいと思われます。内容を変えない範囲で、わかりやすい表現に修正してください。

解答

　江崎常務は、現在、不動産開発事業のプロジェクト発足に向けて社内で調整しています。きっかけは、先週、学生時代からの知人で不動産業を営んでいる中山氏と銀座のバーでたまたま会い、すっかり意気投合し、共同で不動産開発事業を展開しようという話になったことです。なおその後、社内の関係部署に関連する事業を実施していないかどうか問い合わせましたが、そうした動きはなかったようです。

解説

　前問につづき、簡潔な表現に関する問題です。

　この文章の問題点は、重文（主語と述語が２組以上ある文）で一文が長く、最も主張したい事がらの主語「江崎常務は」と述語「調整しています」の距離が離れており、何を言いたいのか伝わりにくいことです。

　また、「先週」が中山氏にあった時期なのか、社内で問い合わせた時期なのか、わかりにくくなっています。

　こうした問題を解決するには、重文を避けて、短い文章で構成するようにします。それによって主語と述語の距離を短くすることができます。

　そして、３つに分けた文章を重要性の順番で並べ替えます。①言いたいこと「プロジェクト発足に向け調整中」、②背景「中山氏と会った」、③参考情報「社内に関連する事業の動きなし」、という順です。読み手に３つの文の関係をわかりやすくするために、②の前に「きっかけは」、③の前に「なおその後」を補っています。

22 肯定的に表現する

　以下は、ある石油会社の経営者が年度初めにあたり全従業員に発信した文章の一部です。

　「当社は昨年、電力分野で新規事業を立ち上げましたが、販売数量など計画に達していません。営業部門を中心に鋭意活動しているものの、顧客の認知度は十分とは言えない状況です。
　ただ、市場は拡大しており、当社の次世代の主力事業に育て上げることは不可能ではないでしょう。今後も粘り強く活動しなければいけません」

問題

　この文書は、読み手にネガティブな印象を与えています。
　内容を変えず、肯定的な表現に修正してください。

解答

　当社は昨年、電力分野で新規事業を立ち上げました。現在の販売数量など計画達成の途上です。営業部門を中心に鋭意活動しているものの、顧客の認知度をさらに高めていく必要があります。

　市場は拡大しており、当社の次世代の主力事業に育て上げることは可能です。今後も粘り強く活動していきましょう。

解説

　ビジネス文書には、読み手を批判・糾弾するものもありますが、大半を占めるのは本問のように読み手に前向きな行動を促すためのものです。前向きな行動を促すには、できるだけ前向きな表現を用いるようにします。

　経営者の文書は、以下のような否定的な表現を多用しています。

「達していません」
「十分とは言えない」
「不可能ではないでしょう」
「いけません」

　とくに、文の最後が否定形で終わると、ネガティブな余韻が後々まで残ってしまいます。解答では、肯定的な表現に変えています。

　もちろん、読み手に肯定的な印象を与えることを意識しすぎて、"大本営発表"になってしまってはいけません。事実を変えない範囲で表現だけを変えるようにします。

23 具体的に表現する

　以下は、ある大手カーディーラーの営業本部長が全国の営業担当者に発信した文書です。

「このところ、競合他社が低価格戦略を鮮明にしており、一部の車種の販売数量がかなり減少しています。

　営業本部としても色々な対策を講じてきましたが、顧客からは厳しいご意見も頂戴しているところです。

　営業担当者の皆さんには、こうした状況を踏まえて、鋭意努力し、売上アップを早急に実現していただきたいと思います」

　この文書を受け取った営業担当者は、「何が言いたいのかわからない」と不満を口にしました。

問題

　この文書が営業担当者に不評だったのはなぜでしょうか。
問題点を指摘してください。

解答

　以下のように、説明に具体性が乏しい（カッコ内は改善例）。

・このところ　→いつ頃？「８月以降」

・競合他社　→どの会社？「Ｔモーターが」

・低価格戦略を鮮明にし　→どれくらい安い？「当社の平均販売価格を８％下回る低価格で」

・一部の車種　→どの車種？「高級セダンのアルファ」

・販売数量がかなり減少　→どれくらい減少？「先月は、前年比５％減、計画比８％減」

・色々な対策　→どのような対策？「販売促進費の上積み」

・厳しいご意見　→たとえば？「修理対応などサービスが悪化しているとのご意見」

・鋭意努力　→どういう努力をするべきか？「営業活動を見直して、顧客訪問件数を増やす」

・売上アップ　→どれくらいを目標に？「計画どおり前年比３％アップ」

・早急に　→いつまで？「２か月以内に減少を食い止め、年内には目標達成」

解説

　ビジネス文書では、あるテーマについて読み手の理解が深まり、読み手の適切な行動を促す必要があります。この２つを実現するには、具体的な記述をする必要があります。

　営業本部長の文書は漠然としており、受け取った営業担当者は会社の営業状況について理解が深まりませんし、何をして良いのかわかりません。解答のように具体的な記述をします。

　ただ、あまりに微に入り細を穿つような記述だとP42 〜 P45で勧めた簡潔さが失われます。具体性と簡潔さのバランスを取るのが難しいところです。

COLUMN

「名文より明文」

　文書を作るとき、わたしたちは良い文書を書こうとします。では、良い文書とはどういう文書でしょうか。よく「ビジネスで名文はいらない、明文を書け」と言われます。

　名文とは読む人に感動・幸福感・笑いを与えるような文章です。川端康成『雪国』の「国境の長いトンネルを抜けると雪国であった」のように、文芸作品では名文を書くことが大切です。

　しかし、ビジネス文書では、ビジネスを円滑に進めることができるように、読みやすく、簡潔に書き手の意図が正確に伝わる文書が必要です。正確で明瞭な文書のことを明文と言っているわけです。文芸作品とビジネス文書では、良い状態が異なるということです。

　ところで、簡潔に伝わる文書というとやはり思い起こすのは、作家ヴィクトル・ユーゴーが出版社に出した手紙です。1862年に出版した「レ・ミゼラブル」の売れ行きが心配だったユーゴーが「？」という一字を書いた手紙を出版社に送ったところ、出版社から「！」と一字の返事が返ってきたそうです。ユーゴー「売れ行きはどうですか？」、出版社「上々です！」という意味で、世界一短い往復書簡とされます。

　読み手だけが理解でき、極限まで簡潔に伝えたという点で、究極の明文であり、かつ後世のわたしたちにまで感動を与えているという点で、究極の名文です。「さすがは巨匠ユーゴー！」というところですが、それに応えて一字で返信した出版社の機転も素晴らしいですね。

第**3**章

効率的な
ビジネス文書の読み方

メール・報告書など文書のやり取りで仕事を進める
機会が増えています。ビジネス文書を読むとき大切
なのは、不要な文書を読まないこと、文書の意図を
正確に読み取ること、時間をかけずに迅速に読むこ
とです。この章では、文書を迅速・正確に読解する
スキルを学びます。

　下のA～Fは、自動車部品メーカーで営業課長をしている山村さんに届いた電子メールの送り主とタイトルです（カッコ内は補足の情報）。

A・接待を受けて二次会で行ったスナック「ご来店ありがとうございました」

B・営業企画部の担当者「re：予算差異分析のご報告（山村）」（先週、予算販売数量が未達だった理由について、メールで報告した）

C・人事部担当者「今後の人事考課の進め方について」（半年ごとの人事考課が来月予定されている）

D・部下の営業担当者「極東興産の件」（部下が新規開拓を進めているが、うまく行っていない）

E・開発部門「下半期の新製品」（開発部門から不定期で新製品の情報が提供される。ホームページなどでも見ることができる）

F・外部の金融業者「金利が下がりました！」（まったく心当たりのない金融業者）

問題

　それぞれの文書について「すぐ読む」「あとで読む」「読まない」を判断してください。

解答

以下のように処理する（カッコ内は理由）

A・読まない

B・すぐ読む（おそらく大した内容ではないが、念のため）

C・あとで読む（人事考課の直前に読む方が効率的）

D・すぐ読む

E・あとで読む（情報が必要になった段階で読む）

F・読まない

解説

インターネット・SNS の普及によって "文書の洪水" というべき状態になっています。業種・職種などにもよりますが、毎日 100 通近いメールが来るということも珍しくありません。メールの処理だけで数時間を費やしてしまい、前向きな業務に取り組む時間が作れない、という嘆きをよく耳にします。

100 通のメールといっても、大半は CC・BCC や「ご参考まで」という類いで、本当に大切なものは一握りでしょう。メールだけでなく、職場内の回覧文書なども同様です。そこで、ビジネスの効率を高めるためにまず大切なのは、「いかに速く文書を読むか」ではなく、「いかに無駄な文書を読まずに済ますか」です。

無駄な文書を読まずに済ますためには、文書の送り手やタイトルで読むべき文書と読まない文書を選別します。①送り手が自分にとって重要か、重要でないか、②内容が業務に関係あるかないか、関係ないか、③緊急性があるかないか、という観点から、「すぐ読む」「あとで読む」「読まない」の３つに選別します。

多くのビジネスパーソンがこうしたことを実践しているはずですが、大切なのは、漫然と実践するのではなく、意識して実践し、ルール化し、習慣にすることです。

読み方を選択する

　下のA〜F、広告代理店で営業課長をしている羽生さんに届いた文書です（カッコ内は補足の情報）。

- A・広報部が作成した業界紙の切り抜き（毎朝、管理職にPDFで送られてくる）
- B・部下から提出された出張報告書（先週出張が終わった時点で、電話で簡単な報告を受けている）
- C・部下から提出された年度予算申請書（毎年の営業課では、半期ごとに販売活動費を予算申請している）
- D・経営企画部からの改善提案の募集文書（毎年1度、経営企画部門が全社員から改善提案を募っている）
- E・お客様からのお礼状（先月、依頼を受けて印刷業者を紹介した）
- F・営業部の年度方針の説明資料（概要は聞いているが、資料としては初めて見る）

問題

　それぞれの文書を読むとして、「じっくり読む」「飛ばし読みする」「見出しや下線部だけ目を通す」という読み方を選択してください。

解答

A・見出しや下線部だけ目を通す

B・飛ばし読みする

C・じっくり読む

D・見出しや下線部だけ目を通す

E・飛ばし読みする

F・じっくり読む

解説

文書の読み方の選択に関する問題です。前問の通り、そもそも不要な文書を読まないことが大切ですが、読むと決めた文書についても、文書によって読み方を変える必要があります。

大きく分けて、「じっくり読む」「飛ばし読みする」「見出しや下線部だけ目を通す」という３つの読み方があり、使い分けます。原則は、文書の重要性と情報密度（情報量と難易度）を基準に、以下のように読み方を変えます。

・**重要性が高く、情報密度も濃い**→「じっくり読む」

・**重要性はやや低いが、情報密度が薄い**→「飛ばし読みする」

・**重要性はやや低いが、情報密度は高い**→「見出しや下線部だけ目を通す（時間がある時にじっくり読む）」

大切なのは、できるだけ「じっくり読む」を減らし、「飛ばし読みする」「見出しや下線部だけ目を通す」を増やすことです。次問で紹介する飛ばし読みを実践し、７割程度の理解度でよしとすると、文書処理のスピードは格段に上がります。

26 飛ばし読みで効率的に読む

下の報告文書を飛ばし読みで、今から15秒以内で読んでください。

　欧米に比べてM＆Aが少なく、"M＆A後進国"と言われた日本だが、2000年以降、M＆Aを活用する日本企業が増えている。新聞紙上に取り上げられたM＆Aの実施件数は、1992年に500件以下だったのが、近年は約3,000件以上になっている。

　M＆A増加の背景には、企業環境の変化がある。日本企業が構造改革期にあり、企業の垣根あるいは国境を越えた事業の再編・見直しが必要になっていることがある。従来は経営が立ち行かなくなった企業を業界の有力企業が救済する救済合併型の合併が多かった。ところが近年は、M＆Aを企業の成長戦略の重要な手段と位置づけて主体的に活用する事例が増えている。また、従来は単純な買収・合併が多かったが、持ち株会社方式によるグループ形成や戦略提携など、M＆Aの形態が多様化している。

　今後については、依然として事業再編のニーズが強いこと、三角合併（株式を対価にした合併）などM＆Aの実施を容易にする法整備が進んでいることから、M＆Aの件数は着実に増加を続けるものと予想されている。

　ただし、M＆Aを成功させるのは容易ではない。各種の調査によると、企業価値の向上という観点から見たとき、70%以上のM＆Aが失敗に終るという。失敗の要因は個々の案件によって異なるが、ある専門家は次の2点を指摘する。
1. 買うこと目的化し、企業価値の実態よりも高値で買収するケースが多い
2. 企業文化や経営システムの違いによって、統合が進まない。

　事前にM＆Aの相手についてしっかり調査するとともに、実施後は、買収後の統合作業（Post-Merger Integration、ＰＭＩ）を綿密に実施する必要がありそうだ。

解答

　解答はありません。もう一度文書を読んで、内容の理解度を確認しておいて
ください。7割くらいの理解度であれば合格です。
（解説を読んで、他の題材で飛ばし読みを実践してみてください）

解説

　ビジネスで文書を読むとき、一字一句じっくり読む
ことはまれで、P55の3つでいうと「飛ばし読みする」
か「見出しや下線部だけ目を通す」ことが多いでしょう。
　文書処理のスピードを上げるには、速読術を身に付けるのが理想です。ただ、
速読術を駆使しなくても、以下のような点を心掛けるだけで、文書処理のスピー
ドが格段に上がります。

① **下線が引かれた箇所を読む**（持ち株会社方式、戦略提携）
② **太字や斜体など、他と違った書体の箇所を読む**（M＆A後進国）
③ **長めの漢字を読む**
④ **英単語を読む**（M＆A、Post-Merger Integration、PMI）
⑤ **数字を読む**（500件、3000件、70%）
⑥ **長い段落の場合は、先頭の箇所だけ読む**（M＆A増加の背景には、企業
　　環境の変化がある）。

　真面目な性格の人は、文章の内容を100%理解しないと居心地が悪いかも
しれませんが、7割の理解度で良しとすると、読むスピードは格段に上がりま
す。

27 イシューを把握する

以下は、あるビジネス誌に掲載された論説文です。

日本企業は戦後の成長を支えた本業が成熟し、次代の中核事業となる新規事業の開発が必要になっている。しかし、新規事業開発はなかなか実を結んでおらず、日本企業の本業比率（本業の売上高÷総売上高）は、逆に９０年代半ば以降上昇している。

新規事業開発のアプローチには、大きくトップダウンとボトムアップがある。トップダウンとは、企業のトップが将来のビジョンや進むべきドメインを明示し、不足する事業領域の事業へ進出する方法である。ボトムアップとは、従業員の自主性・創造性を重視し、従業員が考案した事業アイデアのうち有望なものを事業化していく方法である。

日本で新規事業というと、事業アイデアの従業員提案制度や社内起業支援制度に代表されるように、ボトムアップをイメージすることが多い。しかし、従業員にとって新規事業への取り組みは日常業務にプラスアルファになるので、なかなか本腰が入らない。また、良い事業アイデアが出ても、個人の努力ではなかなか本格的な事業には成長しない。

日本企業は、発想を変えてトップダウンで新規事業開発に取り組むことが期待される。今のままでは、新規事業はいつまで経っても「できればやりたいこと」であって、「何が何でもやるべきこと」という位置づけにはならないのである。

問題

文書などで最終的に明らかにしたい事がらのことをイシュー（issue）と言います。この文書のイシューは何でしょうか。

解答

新規事業開発にはトップダウンアプローチが必要であることを示す。

解説

文書のイシュー（issue）に関する問題です。

まったく目的のないビジネス文書はまれで、イシュー、つまり最終的に明らかにしたい事がらがあります。短い文書なら問題ありませんが、長く、複雑な文書を読むときには、イシューを意識するようにします。

問題の文書は、段落ごとに以下のような内容になっています。

① 日本では新規事業の開発が必要とされているが、実を結んでいない
② 新規事業開発にはトップダウンとボトムアップという2つのアプローチがある
③ 現在主流のボトムアップはなかなかうまく行かない
④ トップダウンに転換する必要がある

ここで①は状況の紹介、②は2つのアプローチの紹介で、③は2つのアプローチのうちボトムアップはうまく行っていないことを示し、④へと展開しています。この文書の結論は「新規事業開発にはトップダウンアプローチが必要」、これが著者の最も訴えたいこと、イシューです。主張と論拠ということで言うと、④が主張、①②③が論拠ということになります。

イシューを把握するには、文書の全体構造を意識し、「著者はいったい何が言いたいんだ」と自問しながら読み進めると良いでしょう。

　下は、ある全国紙に掲載された新聞記事です（実際の記事を加工。社名は仮名）。

子供の1割が「危険に遭遇」 民間が保護者調査

　何らかの危険に遭ったことがある子どもは12.7％──不審者情報の配信システムを提供する民間企業、アンシンアラート（東京）が、受信登録している保護者にアンケートしたところ、子どもの安全が予想以上に危険にさらされている現状が浮かび上がった。

　全国の受信者に一月中旬、アンケートフォームを送信、携帯電話のサイトを使って千人が回答した。94.8％が小学生や園児の保護者だった。

　住んでいる町を「安全だと思わない」と50.5％が感じ、「危険な場所」は「下校時の通学路」（41.1％）、「公園」（11.6％）など。

　防犯のため37.8％がブザー、25.1％が全地球測位システム（GPS）付き携帯電話を持たせているが、これらを「有効だと思わない」との答えは39.6％に上った。子どもの安全のために求めるものは「地域での取り組み」（64.5％）、「行政での取り組み」（16.6％）、「子どもへの教育」（9.8％）だった。

問題

　読み手の立場からこの新聞記事の問題点を指摘してください。

解答

① アンシンアラートに登録しているのは安全に対する関心・危機感が高い人たちで、日本の平均では、危険に遭遇した子供の比率はもっと低い可能性が高い。

②「危険」の定義が示されておらず、どれくらい危険な状態なのか判断できない。

③「予想以上」が誰の予想なのか。おそらく執筆者の予想で、客観性を欠く。

④ 執筆者は「子供の危険が増しているのに有効な対策が打てていない、いったいどうするんだ」と暗に議論を誘導している。

解説

文書の前提条件に関する問題です。まったく前提条件がない文書はまれで、多くの文書には書き手の立場や主義・信条に基づく前提条件があります。また、情報の収集・分析に特殊な条件があったりします。文書を読む際は、こうした前提条件や特殊な条件を意識するようにします。

この新聞記事で最も気になるのは①です。「子供の１割」というタイトルから、日本全体の子供の１割が危険に遭っているという印象を受けますが、調査は特殊な対象を相手に行われており、データとして疑問です。

記事の執筆者は、④の通り暗に議論を誘導しています。文書で何かを主張すること自体は大いに結構ですが、①のような特殊な前提に基づく間違った情報によって主張を展開するのは問題があります。

29 自分の意見を形成する

以下は、人事・労務関係の専門誌に掲載されたコラムです。執筆者は、民間企業の勤務経験があるベテランの人事コンサルタントです。

サービス残業や長時間労働が問題になっている。とくに、大手広告代理店の女性社員が長時間労働の末に自殺して以降、残業削減を求める政府・社会・マスコミの声は強まっている。

ただ、個人的には「働くこと＝悪いこと」とする最近の風潮には違和感を覚える。

私は企業勤務時代、とくに 20 代の頃は普通に月 100 時間以上残業した。しかし、それを恨むどころか、会社には大いに感謝している。時間を気にせず、限界まで追い込んで仕事に打ち込んだことで、仕事の進め方・姿勢など基本を身に付けることができたからだ。多くの成功者が語るように、人は仕事で磨かれるのだ。

残業が多い人は、私のように仕事に賭けているか、仕事の能率が悪いか、残業代目当てに働いているのか、いずれかだろう。これらに問題があるなら、労使が話し合って解決すれば良いことで、政府やマスコミがとやかく言うのは間違っている。

問題

上のコラムに関して、自分なりの意見を形成してください。

解答

意見①（書き手に否定的な意見）

「残業が人を育てるというのは、元々肉体的・精神的に優れた人がさらに自分を磨く場合に言えることで、普通の人は残業で肉体的・精神的にダメージを受ける。一般に労働者は会社に対して弱い立場にあり、労使の話し合いに委ねるというのは危険だ」

意見②（書き手に肯定的な意見）

「時間を気にせず精一杯の努力をすることで人は磨かれるし、会社も世の中も発展する。肉体的に、あるいは家庭の事情など残業できないなら、残業のない職場を選べばよいわけで、残業＝悪とする最近の風潮は間違っている」

＜いずれも解答例で、絶対の正解はありません＞

解説

　この問題では、文書の情報を読み取るだけでなく、自分の意見を形成するという発展的な読み方を要求しています。

　まず、文書の書き手がどういう価値前提に立っているか、その価値前提をどこまで認めるか、という考察が必要になります。

　問題のコラムの書き手は、「仕事は働く者にとって成長する機会である」と主張しています。そのこと自体は事実でしょうが、残業してまで働くことを正しいと考えるか、間違っていると考えるかは、個人の価値観によって違ってきます。

　解答①は、書き手の主張が「強者の論理」であるとして、それを一般の労働者に当てはまることに反対しています。一方、解答②は弱者にも残業のない職場を選ぶ権利があり、残業＝悪とする風潮を批判しています。

　大切なのは、書き手の主張と価値前提を認識すること、それに対する自分自身の考えを明確にすることです。また、たいていの主張はある一面では正しく、別の側面では正しくないので、自分の主張がどこまで一般的に適用できるのかを確認します。

COLUMN

「プライムタイム以外でメールを処理する」

「メールが毎日 100 件以上入ってきて、メールの処理だけで午前中が終わってしまう」「最近は残業できないので、朝7時に出社してメールを処理しています」といったビジネスパーソンの嘆きをよく耳にします。

　メールやＳＮＳで仕事をするのが当たり前になり、メールをいかに速く読むか、というより処理するか、というより不要なメールをスルーするかが、ビジネスの効率を大きく左右します。

　本章で紹介した読み方の他に心がけていただきたいのが、表題の通りプライムタイム以外でメールを処理することです。プライムタイム（prime time）とは、一日の中で最も調子の出る時間帯のことです。

　たとえば、朝型人間で出社後が絶好調という人は、重要性・緊急性の高い業務を朝一番でやり、調子が落ちる午後にゆっくりメールの処理をします。逆に朝が弱くて午後から調子が出るという人は、午前中をメール処理に充てます。人によってタイプは違うので、自分なりのルールを作ることが大切です。

　もう一つ、メールを受け取ったらとりあえず返事を送るというのも、メール処理でぜひ心がけたいルールです。日本人はまじめなので、きちんと読んできちんと整理した内容で返信しようとして、返信が遅れてしまうとします。しかし、送り手は、本当にメールを読んでくれているのか、返信してくれるのか不安に感じています。「メール拝見しました。明日ご返事します」と一言だけ返信することで、相手に安心してもらうことができます。

第 4 章

双方向型の プレゼンテーション

会社・事業・商品の紹介や企画の提案など、ビジネスではプレゼンテーションをする機会があります。プレゼンテーションを成功させるには、綿密に資料など事前準備し、わかりやすく説明し、質疑応答する必要があります。この章では、プレゼンテーションのプロセス・技法を検討します。

30

プレゼンテーションのプロセスを設計する

　機械メーカーの営業部門に所属する松山さんは、全国の代理店が集まる来月の代理店大会で、新たに導入した受発注システムについてプレゼンテーションをすることになりました。

　大事なプレゼンテーションなので、計画的に準備を進めて、本番に臨みたいと考えています。

　松山さんは、まず以下のように準備から終了までの実施項目を列挙しました。

A・シナリオ（内容と説明順）作成
B・ドキュメント作成
C・実行（説明と質疑応答）
D・評価・改善
E・基本計画
F・(　　　　　　　　　　)
G・(　　　　　　　　　　)

問題

　空欄の2つFとGは何でしょうか。
　また、空欄F・Gを加えた7項目を実施の時間順に並べてください。

解答

次のような順序で準備・実施する。

① 基本計画（F）

② シナリオ作成（A）

③ ドキュメント作成（B）

④ 相互交流準備（F または G）

⑤ リハーサル（F または G）

⑥ 実行（C）

⑦ 評価・改善（D）

解説　　プレゼンテーションというと、見栄えのするきれいなスライドを作ることや本番で堂々とした態度で説明することなどに関心が向かいます。それらももちろん大切ですが、より大切なのは、他のマネジメント行動と同じように PDCA（Plan → Do → Check → Act）サイクルに則ること、つまり、企画から始まって、資料作成し、実施し、評価するという手順を踏むことです。

　プレゼンテーションの標準的な PDCA サイクルは解答の通りで、基本計画から始まり、諸準備、実行、そして評価・改善へと進みます。

　出発点は、基本計画です。どういう目的で誰に対してプレゼンするのか、プレゼンによって何を得たいのか、といったことを明らかにします。

　諸準備の中で意外と見落としがちなのが、空欄の相互交流（質疑応答）準備とリハーサルです。

　P91 や P102 でも確認する通り、とくに社内のプレゼンでは、聴き手は説明そのものよりも質疑応答を重視します。良い質疑応答をするためには、想定される質問に対して回答を用意しておくようにします。

　また1回でもリハーサルをするとしないでは、本番の実行が大きく違ってきます。本番と同じ条件で実施するようにします。

31

シナリオを構築する

　工作メーカーで生産技術を担当する野々村さんは、３年前からインドネシアでの工場新設に取り組んできました。

　元々の計画では、昨年９月に工場が稼働開始する予定でしたが、建設資材の調達や工期の管理がうまく行かず、半年遅れで今年の３月にようやく稼働開始しました。

　この遅延にともない、建設コストが予算オーバーし、納入を予定していた顧客に違約金を支払うなど、多くの問題が発生しました。

　工場新設の業務が一段落したところで、野々村さんは今回の問題について今後の改善策を経営会議でプレゼンテーションすることになました。

問題

　このプレゼンテーションで、野々村さんは何をどのような順序で説明するべきでしょうか。大項目のレベルで目次を作成してください。

解答

① はじめに（あいさつ、自己紹介、プレゼンの目的）

② 結論と概要

③ 問題の経緯

④ 原因分析

⑤ 解決策

⑥ 実行計画（人員・予算・スケジュール）

⑦ 期待効果

⑧ まとめ

解説

プレゼンテーションのシナリオ作りに関する問題です。シナリオとは、コンテンツ（内容）とプロセス（流れ）を総合したものです。いきなりスライドを作り込むのではなく、まず大まかなシナリオを決めて、収集するべき情報や検討事項を明らかにします。

今回のようなプレゼンテーションでは、何を主眼に置くかで、シナリオが違ってきます。起こったことを報告することが目的なら、時間順の説明で構いません。しかし、今後の対応の提案に主眼を置くなら、主張である提案を早い段階で提示する必要があります。

解答の③から⑥は、③状況→④原因分析→⑤解決策→⑥実行計画、という標準的な問題解決のプロセスに沿っていますが、大切なのは③以降の各論に入る前に、②で結論と概要を説明することです。

われわれは物ごとを時間順で説明しがちですが、時間順では聴き手は最後まで聞かないと結論と全体像がわからないので、理解しにくくなります。ごく簡単でも良いので、初期段階で結論と概要を示すようにします。

32

ビジュアル①
フォーマットを決める

下は、ある社内プレゼンテーションのスライドの一部です。

　以上ご説明しましたプランαを推進する上での留意点は、以下のようになります。まず、プランを責任もって遂行する専門部署を設置するべきです。また、必要な経営資源（人・モノ・カネ）を確保する必要があります。さらに、従業員のモチベーションを上げるための手を打つ必要があります。

問題

　このスライドのフォーマット（様式）は見栄えが不適切だと思われます。改善点を指摘してください。

解答

・タイトルがない。

・スライド作成者がわからない

・スライド番号がない。

以下のように改善します。

---

5. プランα 推進の留意点

① プランを責任もって遂行する専門部署を設置

② 必要な経営資源（人・モノ・カネ）を確保

③ 従業員のモチベーションを上げる対策

© Taro Suzuki　　　　　　24

解説　スライドのビジュアル（見栄え）に関する問題です。内容が良ければビジュアルなんて関係ないという意見もありますが、内容以前に見栄えの良いスライドでないと受け手に見てもらえません。

スライド作成は、フォーマット（枠組み）を作ることから始めます。問題のスライドはベタ打ちですが、その前にフォーマットを設定します。タイトル欄を設け、段落送りを決め、スライド番号を入れます。スライド番号を忘れることが多いですが、質疑応答で極めて大切です。

そして枠組みは、全スライドを通して同じものを使うようにします。

工作機械メーカーの野々村さんは、インドネシアでの工場新設に取り組んできました（P68）。

以下は、野々村さんが工場新設の問題点について経営陣に説明するプレゼンテーションのスライド（の一部）です。

---

5. 工場新設の問題点

- ・ 政府からの許認可が下りるのが予定より7か月遅れた。
- ・ 必要な工員200名が立ち上げまでに集まらなかった。
- ・ 工場建物の建設工事完成が予定より4か月遅れた。
- ・ 背景として、本社の当初計画は、現地の事情を十分に踏まえていなかった。
- ・ また、本社と現地経営陣のコミュニケーションが悪かった。
- ・ 政府・地元業者との関係作りが不十分だった。

© Takahiro Nonomura   14

問題

内容のわかりやすさという点で、このスライドには問題があると思われます。問題点と改善策を示してください。

解答

・２つの異なる内容を１つのスライドに盛り込んでいる。

・スライドで何が言いたいのか、というまとめがない。

　スライドを２つ分け、下部（または上部）にまとめを記入する。

---

6. 遅延の背景・原因

| 本社・現地経営陣・地元のコミュニケーションが悪かった |

・　本社の当初計画は、現地の事情を十分に踏まえていなかった。

・　本社と現地経営陣のコミュニケーションが悪かった。

・　政府・地元業者との関係作りが不十分だった。

© Takahiro Nonomura

---

5. 工場新設の問題点

| 許認可・人員募集・装置建設に遅延が発生 |

・　政府からの許認可が下りるのが予定より7か月遅れた。

・　必要な工員200名が立ち上げまでに集まらなかった。

・　装置建設工事の完成が予定より4か月遅れた。

© Takahiro Nonomura　　14

解説

　一目見ただけで何が言いたいのかわかるのが、見栄えの良いスライドです。「ワンスライド・ワンメッセージ（1スライドで言いたいことは１つ）」と言ったりします。

　よく、空きスペースがたくさんある状態を嫌って色々な情報を盛り込む人がいますが、情報量が多くなると受け手の理解度が低下します。スカスカのスライドになっても構わないので、「ワンスライド・ワンメッセージ」の原則を守ります。

　また、聞き手はプレゼンをしっかり聞いてくれているとは限りません。「このスライドで言いたいこと」をまとめとして記入すると、受け手の理解が容易になります。

ビジュアル③
重要なポイントを強調する

　部品メーカーで営業担当をしている高橋さんは、営業戦略会議で下のスライドを使って製品 D の状況について説明しました。

4．製品Dの現状

・　全社売上高259億円、うち製品D31億円（12%）
・　全社営業利益43億円、うち製品D22億円（51%）

© Toru Takahashi　　　　　6

　「このスライドの通り、製品 D は売上高では全社の 12% に過ぎませんが、営業利益では伸びていることを強調しておきたいと思います。」

問題

　高橋さんの説明は「強調しておきたい」という強調がうまく行っていません。スライドを改善してください。

解答

・数字をグラフ化する。グラフに割合を入れ D を強調する）。
・このスライドで言いたいことを記入する。

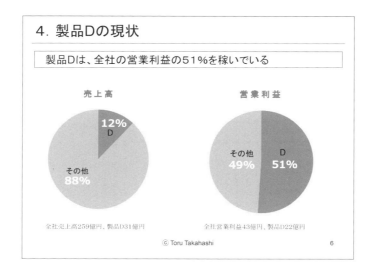

解説　スライドに盛り込む情報は、すべてが重要なわけではありません。重要な情報とあまり重要でない情報があります。受け手に重要な情報がしっかり伝わるように、ビジュアルで強調するようにします。

　解答のような強調の方法もありますし、アニメーションを使うなども有効な方法です。文章なら書体・フォント・色を変えたりします。

　ただし、あまりこうした強調をしすぎると、受け手は「ああ、またか」という反応になってしまいます。見栄えも悪くなります。普段は通常の表現にしておいて、「ここぞ」というときに強調すると良いでしょう。

　清涼飲料メーカーの広報部に所属する鎌田さんは、小売業者向けの展示会で来月新発売される炭酸飲料「スプラッシュ」の商品紹介を行います。この展示会には例年 2,000 人程度が出席し、メーカー各社の商品プレゼンテーションを 100 〜 200 名が聴きます。

　以下は、鎌田さんが準備したスライドの一部です。

スプラッシュの特徴と販促

- スプラッシュは、今までにない新タイプの炭酸飲料です。商品のコンセプトは、「日本の暑さをぶっ飛ばせ！」。スプラッシュで猛烈に暑い日本の夏をすっきり爽快に過ごしていただきます。

- すっきりしたライム風味。甘さ抑え目、炭酸は弱めで飲みやすさ抜群。ぐいぐい喉を、身体を潤します。

- ボトルはスタイリッシュな細身。胴体の真ん中部分が少しくぼんでいて、外出の持ち運びにも便利です。近年の清涼飲料水市場では、ボトルの良し悪しが売れ行きに大きく影響していますが、顧客にアピールできるものと考えます。

- 来月の発売日に合わせてテレビCMを流す予定です。CMでは、日本一熱い男・竹岡良造さんを起用し、「日本の暑さをぶっ飛ばせ！」と絶叫します。また、FacebookなどSNSを使った広告にも力を入れていく予定です。

　なお、このプレゼンでは、商品紹介のチラシ 1 枚を配布しますが、スライドは印刷・配布せず、スクリーンに見せて説明します。

問題

　このスライドは受け手にとって見づらいと思われます。スライドの見栄えの問題点と改善策を指摘してください。

解答

・1 スライドの情報量が多すぎる。複数のことを盛り込んでいる。

　→スライドを複数に分ける（コンセプト、味、ボトル、販促の 4 枚）

・文字による説明だけで単調。

　→文字量を減らす。ボトルは写真で、CM は動画で紹介する。

・フォントが小さく、一定で、重要な箇所とそうでない箇所がわからない。

　→フォントを大きく、重要箇所をゴシックにする。

スプラッシュ　新登場！

新タイプの炭酸飲料　スプラッシュ

コンセプト

「*日本の暑さをぶっ飛ばせ！*」

スプラッシュで猛烈に暑い日本の夏をすっきり爽快に

（前ページのスライドを 4 つに分割したうちのコンセプトのページ）

解説

　　　　　　　スライドのビジュアルが大切なのは、本問のような多数の相手に対してプレゼンテーションをする場合です。職場のメンバーなど勝手知ったる少数の相手なら見栄えはあまり問題になりません。しかし、多数の相手、とりわけプレゼンターにとって見知らぬ相手の場合、一目見ただけで理解してもらえるスライドにする必要があります。

　といっても、スゴイ達人技が要求されるわけではありません。解答のような点に注意します。

　なお、アニメーションを多用する人がいますが、過剰演出は聴き手の集中力を削いでしまいます。ここぞという箇所だけ使うようにしましょう。

36

説明メモを準備する

　ある住宅販売会社が新しい住宅展示場を来月オープンします。マーケティングを担当する内山さんは、住宅展示場の概要についてプレゼンテーションすることになりました。

　大事なプレゼンテーションなので、内山さんは各スライドで何をしゃべるのかというメモを作成しました。以下は、メモの一部です。

「……このように、当社は2年前から準備を進め、本日、無事オープンと相成りました。関係者の皆様のご協力に厚く御礼と感謝を申し上げる次第であります。

　さて、この住宅展示場の意義について、3点ご説明いたします。

　第1は、言うまでもなく、顧客サービスの向上です。当M地区は大型マンションの建設で注目のエリアですが、これまで住宅展示場がありませんでした。M地域に新たに誕生する当住宅展示場は、必ずや首都圏の皆様のマイホーム探しの利便性向上につながるものと確信いたします。

　そして第2に、当社の新しい事業展開を象徴しています。当社は……」

問題

　内山さんのメモの書き方には問題があると思われます。問題と改善案を示してください。なお、改善案は、内容を変えず、書き方を変えるようにしてください。

解答

　そのスライドで口頭説明することをすべて文章で記述しているのは、良くない。以下のような箇条書きにする。

　・２年前から準備、本日、無事オープン。

　・関係者の皆様のご協力に感謝・御礼。

【住宅展示場の３つの意義】

　① 顧客サービスの向上。

　・当M地区は大型マンションの建設で注目のエリア。これまで住宅展示場がなし。

　　→首都圏の皆様のマイホーム探しの利便性向上につながるものと確信いたします。

　② 当社の新しい事業展開を象徴。

解説

　　　　　　説明メモに関する問題です。大事なプレゼンテーションでは、口頭で説明する内容のメモを作成します。メモを作成することによって、説明内容を間違えてしまったり、大事なことを言い忘れてしまったり、といったミスを防ぐことができます。

　よく、完成したスライドを印刷してスライド上に手書きでメモを記入する人がいますが、これだとその後バージョンが変わるたびに書き直しが必要になります。そこでメモは、パワーポイントのスライドの下にある＜メモを入力＞の欄に記入し、印刷する際＜ノート＞を指定して印刷します。

　メモの書き方で大切なのは、箇条書きにすることです。大事なプレゼンだと問題文のように気合を入れて一字一句メモを文章化する人がいますが、これでは本番ではメモの棒読みになってしまい、聴き手に硬い印象を与えてしまいます。また、プレゼンの持ち時間が足りなくなって端折って説明したい場合など、柔軟に対応することができません。解答の通り、ポイントを箇条書きし、細かい表現はアドリブで対応します。

37

本番のつもりで
リハーサルする

　人事部厚生課の倉島さんは、来週、新入社員15人を対象に自社の福利厚生制度について説明する予定です。

　説明資料のスライドを作成した倉島さんは、課内のメンバーを集めてリハーサルをすることにしました。

　以下は、リハーサルの最後の部分です。

　「……このように、社宅制度については、この数年でかなり充実してきました。今では、同業他社と比べてもそん色ないレベルに達していると思います。

　あ、このスライドはまだ完成じゃなくて、本番までに他社の状況も調べて紹介したいと思ってます。

　ということで、あとは締めの挨拶をしてプレゼン終了です。以上がリハーサルです。」

問題

　倉島さんのリハーサルの進め方には問題があると思われます。どのような問題があるか指摘してください。

解答

・２段落目と３段目の説明を見る限り、本番を想定し、本番のつもりでやっていない。

・質疑応答を実施していない。

解説　　リハーサルに関する問題です。プレゼンテーション前にリハーサルをするとしないでは、本番の出来が大きく違ってきます。大事なプレゼンでは、必ずリハーサルを実施するようにしましょう。

　倉島さんがリハーサルをしたのはたいへん良いことです。ただ、解答のような問題点から、せっかくのリハーサルの効果が半減しています。

　リハーサルは、会場・時間などできるだけ本番に近い条件で、本番のつもりで実施するようにします。未完成のスライドがあっても、「今が本番」ということで実施します。

　また、社内向けのプレゼンテーションでは質疑応答が重要なので（P90～95参照）、リハーサルでも質疑応答まで実施します。本番のつもりで、質疑応答まで含めてリハーサルをすることで、「ああ、この部分は伝わらなかったんだ」と、色々な気づきが得られます。この気づきを元に本番までスライド資料・説明メモ・デリバリーの改善に取り組みます。

　なお、プレゼンテーションでは時間管理も重要なので、リハーサルでも時間を記録しましょう。パワーポイントのリハーサル機能を使います（〈スライドショー〉→〈リハーサル〉）。

38 緊張と不安に打ち克つ

　ガス会社の総務部に所属する井出さんは、来週、各地の事業所の総務担当者 20 名が集まる会議で、「固定資産管理の現状と課題」と題するプレゼンテーションをします。各事業所から回収したアンケート調査の結果を報告する内容です。

　当初は上司の雨宮課長がプレゼンテーションを行う予定でしたが、「いい経験になるから」と言われ、井出さんが登壇することになりました。

　それから井出さんは必死で準備を進め、スライド資料はほぼでき上がりました。しかし、入社 3 年目の自分よりベテランで固定資産管理の実務に精通している総務担当者を相手に良いプレゼンテーションができるかどうか、とても不安です。

　不安な気持ちを雨宮課長に打ち明けると、「それも含めて経験だからな。まあ、緊張や不安がなくなるまで、しっかり事前準備することだよ」と言われました。

問題

　説明メモ作成やリハーサルを含めてしっかり事前準備に取り組む他に、井出さんはどういうことを心掛けるべきでしょうか。

解答

① 成功のイメージを持つ。

② 好意的そうな人を見てしゃべる。

③ 大きくゆっくり深呼吸する。

④ 誰でもあがるもの。無理にリラックスしようとしない。

解説

　　　　　　　　　プレゼンテーションについてよく聞く悩みは、本問の
　　　　　　　　　井出さんのように、プレゼンに緊張・不安を感じること
です。とくにあがり症の人にとっては、人前でプレゼンするのは鬼門です。

　あがるという現象は、自分の苦手なことをするときによく起きます。一番の
対策は、雨宮課長が言うように、しっかり事前準備をすることです。ただ、今
回のように経験・知識で上回る相手にプレゼンテーションをする場合、どれだ
け事前準備しても、「自分は劣っている」という引け目を拭い去ることはでき
ません。

　そこで解答のようなことを心がけます。①と②は自信を高めるための方法、
③と④はそもそもの不安感を取り除く方法です。とくに冷静に確認してほしい
のが④です。

　私たちは、身振り手振りを交えてよどみなく自信満々にしゃべることを理想
だと考えます。しかし、たいていの場合、聴き手はそういうことをあまり期待
していません。

　井出さんが自信満々、立て板に水を流すように「私は何でも知っていますよ」
とプレゼンしたら、逆に聴き手は「この若造が偉そうに」と反発するのではな
いでしょうか。緊張でどもって、つっかえて、言い間違えても、自分の考えた
ことを熱弁する方が、はるかに相手の心に響くのです。

オープニングで目的・概要を伝える

　化成品メーカーで事業企画を担当する上田さんは、幹部会議の席でプレゼンテーションをしました。

　以下は、プレゼンテーションのオープニング（開始）です。

「こんにちは、事業企画課の上田です。本日は、月末のお忙しいところ皆様お集まりいただき、ありがとうございます。

　当課では、これまで3カ月間にわたって新規事業プランを検討して参りました。今から約30分の予定でプランの内容をご説明いたします。

　まず、今回の新規事業プランの検討に着手した経緯からご説明します。当社は1955年の創業以来、高性能・高品質の化成品メーカーとして発展してきました。しかしながら……。」

問題

　このプレゼンテーションのオープニングには、どのような問題があるでしょうか。

解答

・目的がはっきりしない。
・結論と概要がわからない。

解説

　　　プレゼンテーションのデリバリー（本番の説明）では、オープニングが重要です。ただ、重要という意味を誤解している場合が多いようです。

　よく、「何ごとも最初が肝心。インパクトのあるオープニングで聴き手の心を掴め！」と言われます。あるいは、聴き手に良好な第一印象を与えることも重視されます。

　ただ、勝手知ったる社内の聴き手を相手にしたプレゼンでは、インパクトの大きさや印象よりも、プレゼンの目的や結論・概要を明確にすることの方がはるかに大切です。

　プレゼンテーションには達成したい目的があり、目的次第で説明の仕方や聴き手の聴き方が大きく違ってきます。情報を共有したいのか、聴き手から意見・評価を得たいのか、一緒に検討したいのか、何か意思決定したいのか、といった目的を冒頭で明確に示すべきです。

　また、人間には、次の展開を予測しながら他人の話を聴くという特性があります。結論（どういう新規事業を行うのか）と全体像（今から何と何を説明するか）を示すと、聴き手は展開を予測しながら安心して聴くことができ、理解度が格段に高まります。

　オープニングでは、ごく簡単にでも良いので、結論と全体像を示すと良いでしょう。

40 ブリッジを掛けて説明する

　以下は、人事部長の松山さんが役員会で行った新しい人事制度に関するプレゼンテーションの一部です。

「こうした職場環境の変化を受け、来年4月から、在宅勤務制度を導入したいと思います。秘書や保安課など出勤が不可欠な一部の部署を除き、週3日・月10日を上限に自宅での業務を出勤扱いするものです。
　在宅勤務によって、家事・子育てなど家庭生活と仕事の両立が容易になります。
　N社では、2年前に在宅勤務を導入して以降、女性従業員の離職率が20%以上下がったそうです。
　通勤地獄から解消され、従業員の職務満足度が上がります。
　先行して導入した他社では、色々なデメリットも報告されています。代表的なところでは、マネジャーの勤怠管理が難しくなることです」

問題

　松山さんの説明は聴き手にとってやや理解しにくいと思われます。どのような問題があり、どう改善すれば良いでしょうか？

解答　全体の中でどの部分を説明しているのか、前後のつながりが分かりにくい。接続詞などを補足して、以下のように説明する（下線部が補足）。

「こうした職場環境の変化を受け、来年4月から、在宅勤務制度を導入したいと思います。秘書や保安課など出勤が不可欠な一部の部署を除き、週3日・月10日を上限に自宅での業務を出勤扱いするものです。

　この制度のねらい・メリットは、以下の2つです。

　第1に、在宅勤務によって、家事・子育てなど家庭生活と仕事の両立が容易になります。N社では、2年前に在宅勤務を導入して以降、女性従業員の離職率が20%以上下がったそうです。

　第2に、通勤地獄から解消され、従業員の職務満足度が上がります。先行して導入した他社では、色々なデメリットも報告されています。代表的なところでは、マネジャーの勤怠管理が難しくなることです。」

解説　P85でも触れたとおり、人は次の展開を予測しながら他人の話を聴きます。したがって、プレゼンテーションでは、まず冒頭で全体像を示し、本論の説明では全体像の中でどのあたりを説明しているのかに言及すると良いでしょう。

　問題文は1つ1つの文章の位置づけやつながりがわかりにくいですが、解答のように論理接続詞などを加えることで、明快になっています。

　全体の中での位置づけや前後関係を示すことを教育用語で「ブリッジを掛ける」と言います（ブリッジとは、橋渡しのこと）。プレゼンテーションでは、以下のようなブリッジを使います。

「昨年の活動紹介に続いて、今後の方針です」

「さらに具体例を申し上げましょう」

「最後の論点、販売チャネルについて説明します」

41

説得力を高める

　ある健康食品メーカーが納豆を使った健康食品「ナットウキナーゼ・アルファ」を新たに開発し、消費者モニターを集めて試食会・商品説明会を開催しました。

　プレゼンテーションを担当する山田さんは、新商品の意義について以下のように説明しました。

「ナットウキナーゼ・アルファは、消費者の皆様の健康な生活をお約束する画期的な新商品です。

　第1に、ナットウキナーゼの効果で、血液がサラサラになります。

　第2に、納豆という自然な素材で、無理なく摂取できます。

　第3に、1粒当たり80円とたいへん安価です。

　第4に、飲みやすい顆粒錠剤でできています」

　この山田さんの説明は、聴き手には不評でした。

問題

　山田さんの説明どのような問題があるでしょうか。問題点と改善を示してください。

解答

・説明に具体性が足りない。

　→　数字や例を挙げて具体的に説明する。

・メリットの列挙で、メリハリがない。

　→「これなしに健康を保てない！」というロジックで説明する。

解説

プレゼンテーションの説得力に関する問題です。主張に対する論拠は、演繹法（P9）では原理・ルールと観察（事実）で、帰納法（P15）では観察で構成されます。主張の説得力を高めるには、観察を提示することが大切です。

　この問題では、新商品が「消費者の皆様の健康な生活をお約束する」という主張に対し、4つの観察を論拠として提示しています。

　しかし、まず観察に具体性がありません。たとえば3つ目の「安価」については、他社の健康食品に比べてどの程度安いのかを数字を使って補足するようにします。

　また、この問題のようにメリットをできるだけたくさん列挙して説得力を高めようとしますが、メリハリがなくなり、かえって説得力が低下してしまいます。次のような迫力ある説明をしたいところです。

「現代人は食生活の変化で血液が危険な状態になっています。サラサラな血液を取り戻すには、安価で効力のあるナットウキナーゼで体質を根本から変えるしかありません。ナットウキナーゼなしに現代人の健康はあり得ないのです。」

　メリットを列挙するだけでなく、やや強引でも「これしかない」という説明を織り交ぜると良いでしょう

42

質疑応答①
質問の意図を把握する

　人事部長の松山さんは、在宅勤務制度の導入について役員たち説明し（P86参照）、質疑応答に入りました。

　以下は、松山さんと土田常務の質疑応答です。

土田常務「松山さんはさっき、N社の導入例を挙げたんだけど……」

松山さん「いえ、N社は一例にすぎません。他にもP社やO社など……」

土田常務「わが社のようなメーカーでは、これまでに導入事例はあるのかい？　たしかN社やP社は……」

松山さん「たしかにメーカーでは部分的な導入にとどまっています。ただ、K社では導入の検討を始めたと聞いています」

土田常務「そういうことじゃなくてさ」

問題

　松山さんの質疑応答の進め方には問題があると思われます。問題点を指摘してください。

解答

　土田常務の質問を遮っており、質問の意図を正確に把握していない。そのため、質問と回答がすれ違い、感情的な対立に発展しそうである。

解説

　社外の相手に実施するプレゼンテーションと違って、社内のプレゼンテーションでは、説明そのものよりも質疑応答の方が大切です。社内の聴き手は、説明内容はすでにかなり知っており、質疑応答で疑問点を明らかにしたり、意見を表明したりしたいからです。

　質疑応答でまず大切なのは、相手の意図を正確に把握することです。松山さんは、土田常務の質問を遮って回答していますが、最後までしっかり聞く必要があります。

　土田常務は、2つ目の「わが社のようなメーカーでは、導入事例はあるのかい？」という質問は、導入事例のあるなしよりも、「わが社のようなメーカーでは導入は難しいのではないか」と批判していると思われます。

　こうしたすれ違いを防ぐには、以下のような手順で丁寧に質疑応答を進めると良いでしょう。

① **質問を傾聴する。**
② **質問の意図を確認する。**「……という主旨のご質問でよろしいですね？」
③ **質問への謝意を示す。**「貴重なご質問ありがとうございます」
④ **回答を説明する。**
⑤ **相手の理解を確認する。**「以上でお答えになっていますでしょうか？」

　とくに心がけたいのが、②の確認と③の謝意表明です。確認することで質問の取り違えを防ぐことができますし、謝意を示すことで聴き手との関係が良好になります。また、②③で間を置くことで、質問に冷静に対応できます。

43

質疑応答②
ディスカッションを深める

　介護サービス会社の企画部の遠山さんは、幹部会議で新サービスについてプレゼンテーションしました。

　説明を終えたところで、神野専務と植松部長から質問がありました。

神野専務「サービスの開始は?」
遠山さん「来年の2月頃を考えています」
植松部長「現場は人手不足だけど、ちゃんと集まるんでしょうか?」
遠山さん「大丈夫だと信じてます」
神野専務「今までの当社のサービスとはずいぶん違うけど、現場の意見は聞いたの?」
遠山さん「これからしっかり現場の意見を取り入れていきたいと思います」
植松部長「広告宣伝とかプロモーションは決まっているんですか?」
遠山さん「いえ、これからです。鋭意検討していきます」

　この質疑応答を聴いていた岩本社長は、プレゼン終了後、「説明はわかりやすかったけど、質疑応答は残念だった」と感想を口にしました。

問題

　岩本社長は質疑応答のどこを残念に思ったのでしょうか。
　問題点を推測してください。

解答

　一問一答であること、神野専務と植松部長が事実確認にとどまり「なぜ？」を突っ込んでいないこと、遠山さんの姿勢が自己防衛的であることから、ディスカッションになっておらず、検討が深まっていない。

解説

　プレゼンテーションは何のためにやるのでしょうか。ただ自分が考えていることを伝えるだけなら、レポートを書いて提出すれば済みます。わざわざ関係者に集まってもらうのは、ただ自分の考えを伝えるだけでなく、ディスカッションによってアイデアを出し合ったり、意見を戦わせたり、合意・決定したりするためでしょう。質疑応答でのディスカッションがプレゼンテーションを行う最大の目的です。

　参加者とディスカッションを深めるのが良い質疑応答で、聞かれたことに答えるだけではまったく不十分です。これが、岩本社長が「残念」とコメントした理由でしょう。

　質疑応答でディスカッションを深めるには、プレゼンターは、以下のような点に注意すると良いでしょう。

・説明（デリバリー）では、事実・主張だけでなく背景や理由も丁寧に説明する。

・質問の意図をしっかり読み取る。不明なら意図を確認する。

・出てきた論点を整理し、議論のポイントを示す。

・こちらから聴き手の意見を募る。「植松部長は営業部門の立場から、プロモーションをどうするべきとお考えですか？」

44

質疑応答③
想定外の質問に対処する

　ビジネスホテル・チェーンに勤める桃井さんは、各ホテルのスタッフが集まる社内会議で今年のサービスの改善と成果についてプレゼンテーションしました。ポイントは、お客様への伝言を従来は室内の電話に残していたのを、携帯電話に連絡するようにして、顧客満足度が上ったというものです。

　桃井さんからの説明が終わると、顧客管理部の森尾部長から質問がありました。

森尾部長「携帯へのご連絡は、3年前くらいにどこかで試してみたけど、不評だったんじゃなかったっけ?」

桃井さん「いや、どうでしょう。そういう話もあったような、なかったような……」

森尾部長「急ぎのお客様には好評だっただろうけど、ホテルから電話が来てウザイとかいうお客様もいたんじゃないのかなぁ?」

桃井さん「えーと、あのー、どうでしたか。いたかもしれませんが……」

森尾部長「フロントもたいへんじゃないの?　フロントの皆さんはどう言ってるの?」

桃井さん「あー、それは、いえ……」

問題

　森尾部長の質問への桃井さんの対応は不適切だと思われます。問題点と改善策を指摘してください。

解答

あいまいな対応で、インタラクティブな討論になっていない。

→知らないことは知らないと伝える。「私の調査不足ですが、そのお話は聞いたことありません。」

→相手に情報・意見を求める。「他では、どうなっているんでしょうか」「伝言について、どうルール化すればいいんでしょうか。」

解説

大事なプレゼンテーションでは、質疑応答の場で出てくるであろう質問を事前に予想し、どう答えるべきか想定問答にまとめておきます。

ただ、実際の質疑応答では、こちらが想定しなかった質問がやってきます。ただでさえ緊張するプレゼンテーションの場で想定外の質問、とくに聞かれたくない質問を受けると、桃井さんのようにパニックになってしまいます。

ここで大切なのは、わからないことをわかったふりしたり、ごまかしたりしないことです。社内のプレゼンテーションでは、聴き手の方がプレゼンテーションのテーマについて知識・経験が豊富な場合が多いので、質問する際にプレゼンターがどの程度の答えをするか、だいたい察しが付いています。桃井さんのようなあいまいかつ不誠実な対応をすると、プレゼンテーションだけでなく、プレゼンターの人間性も疑われてしまいます。

社内のプレゼンテーションは、あるテーマについてプレゼンターと聴き手が一緒になった考える場です。解答のようにインタラクティブな対応をすると良いでしょう。

45

ショートプレゼン①
トップダウンで説明する

　大手外食チェーンの事業開発部門に所属する塩田さんは、低価格・健康志向のビュッフェスタイルのレストランを新たに展開することを検討しています。

　塩田さんがこの事業を思い立った理由は、自社の能力を生かせることです。長年外食事業を展開してきた当社には、全国各地の食材を安定的かつ安価に調達するネットワークがありますし、低コストで店舗運営するノウハウがあります。

　また、この新業態の市場環境も好転しています。消費者の低価格志向が強まっていますし、高齢者や女性は外食でも健康を意識するようになっています。

　塩田さんは、2か月後の経営会議でこのプランを正式にプレゼンテーションする予定ですが、その前に関係する経営幹部にプランの概要・提案理由を簡単に耳に入れておきたいと考えています。

　対象人数が多いので、1人5分程度、資料を使わない口頭での説明になります。

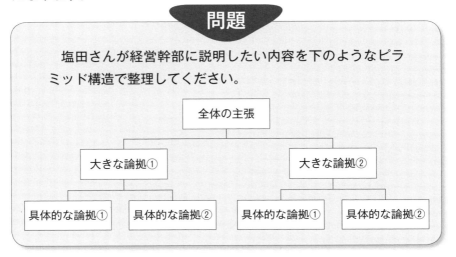

問題

　塩田さんが経営幹部に説明したい内容を下のようなピラミッド構造で整理してください。

```
          全体の主張
        ┌─────┴─────┐
    大きな論拠①        大きな論拠②
    ┌───┴───┐      ┌───┴───┐
具体的な論拠①  具体的な論拠②  具体的な論拠①  具体的な論拠②
```

解答

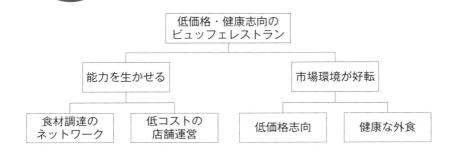

解説

　前問までは、パワーポイントを使って行う公式のプレゼンテーションの進め方を検討しました。しかし、（職種にもよりますが）ビジネスの現場で圧倒的に多いのは、本問のような口頭のショートプレゼンでしょう。

　口頭でのショートプレゼンで有効なのが、前頁のような論理ピラミッドです。論理ピラミッドは、全体として最も伝えたいこと（メインメッセージ）を頂点に配置し、その下に直接的な論拠（キーメッセージ）を配置し、さらにその下に具体的な論拠（サブメッセージ）を配置します。

　トップダウンの名の通り、上から順に「なぜそう言えるのか（Why so）？」と下層へと展開していきます。

　論理ピラミッドを作る際には、ボックスの縦の関係ではディメンション（P26 ～ 27 参照）の一致を、横の関係では MECE（P28 ～ 29 参照）を意識するようにします。

　また、説明のためのメモなので、各ボックスの中は完全な文章ではなくキーワードを単語レベルで書くようにすると良いでしょう。

46

ショートプレゼン②
上から順に説明する

　大手外食チェーンの塩田さんは、以下のようなトップダウンの論理ピラミッドを作成しました（P97を再掲）。

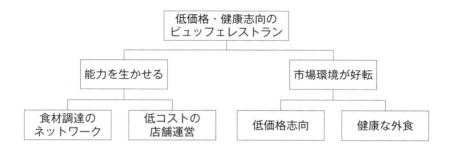

　そして、この内容を以下のように説明したました。

「長年外食事業を展開してきた当社には、全国各地の食材を安定的かつ安価に調達するネットワークがありますし、低コストで店舗運営するノウハウがあります。こうした当社の能力を生かすことが大切です。

　また、消費者の低格志向が強まっていますし、高齢者や女性は外食でも健康を意識するようになっています。このように市場環境も変化しています。

　以上から低価格・健康志向のビュッフェスタイルのレストランを新たに展開したいと思います」

問題

　塩田さんの説明は受け手に伝わりにくいと思われます。ピラミッドを変えずにわかりやすい伝え方に改善してください。

解答

　新たに低価格・健康志向のビュッフェスタイルのレストランを展開すること
を検討しています。

　提案理由は２つあります。一つは、自社の能力を生かせること、もう一つ
は市場環境が好転していることです。

　一つ目の自社の能力につき、２点あります。一つは、長年外食事業を展開し
てきた当社には、全国各地の食材を安定的かつ安価に調達するネットワークが
あること、もう一つは低コストで店舗運営するノウハウがあることです。

　二つ目の市場環境につき、こちらも２点あります。一つは、消費者の低格
志向が強まっていること、もう一つは高齢者や女性は外食でも健康を意識する
ようになっていることです。

解説

　トップダウンの論理ピラミッドの説明の仕方に関する問題です。

　せっかくトップダウンで伝えたいことを明快に整理しても、本問のような不
適切な説明をしてしまうことがあります。不適切な説明とは、ピラミッドを下
から順に説明してしまうことです。

　論理ピラミッドを下から順に説明すると、聞き手は全体像がわかりにくいで
すし、最後まで注意深く聞かないと結論がわかりません。解答のように上（メ
インメッセージ）から順に説明すると、聞き手は結論と全体像を最初に掴めて
理解が容易になります。

　また、塩田さんの説明は、話のつながりが不明確です。解答のように「提案
理由は２つあります。一つは……。一つ目の……。二つ目の……」とブリッ
ジをかけて説明するようにします。

　吉井さんは、自動車部品メーカーで工場長をしています。

　この工場では、最近、不良品が増えています。顧客から以前になかった品質クレームが寄せられるようになっています。全体に品質が悪化しています。

　また、残業時間数が増え、残業代が膨らんでいます。水光熱費も増加しています。このように、運営コストが増えています。

　全体に、この工場ではオペレーションが悪化しています。

　吉井さんは、明日、生産部門を統括する副社長と会う予定です。工場の最近の状況を口頭で手短に伝えたいと思います。

問題

　吉井店長が副社長に工場の状況を説明するためのメモを作成してください（3段階の論理ピラミッドで）。

解答

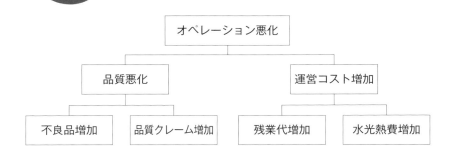

解説

　ボトムアップの論理ピラミッドに関する問題です。論理ピラミッドには、P96 〜 99 で紹介したトップダウンのほかに、ボトムアップのアプローチがあります。

　ボトムアップとは、まず複数の具体的な論拠（サブメッセージ）の集合から共通して言える事がらを抽象的な論拠（キーメッセージ）導き出し、複数の抽象的な論拠の集合から最終的な結論（メインメッセージ）を導き出します。

　ボトムアップの名の通り、下から順に「それがどうした（So what）？」と上層へと展開していきます。帰納的なアプローチです。

　日本人は細かな理由や背景をまず説明してから最後に結論を言う習性があるので、ボトムアップはトップダウンと比べて日本人の感性に合っています。しかし、前問の通り、ピラミッドを見せずに下から順に説明すると、受け手は理解が難しいという問題があります。ビジネスの説明では、トップダウンを基本にすると良いでしょう。

　ただ、いつもトップダウンが有効というわけではありません。たとえば、会社の経営方針について社長に対し「結論としては、社長の経営方針は間違っています」とトップダウンで説明すると、その先を聞いてもらえません。相手の考えに反することを説明する場合はボトムアップが有効です。

COLUMN

「質疑応答がメインイベント」

　業種・職種にもよりますが、社外の多数の相手にプレゼンテーションする機会は少なく、圧倒的に多いのは社内の関係者向けでしょう。そして、社内のプレゼンテーションでは、資料や説明（デリバリー）よりも、最後の質疑応答がはるかに重要です。

　たとえば、役員会でプレゼンテーションをする場合、役員たちは後からゆっくり入って着席し、資料に目を通します。こちらが説明を始めても、資料を読むのを止めず、資料を見終わると腕組みをして目を閉じてしまいます。そして、説明が終わると待ち構えたように質問をしてきます。

　経験豊富な役員は、資料を見ればプレゼンの内容がすぐわかります。説明そのものに関心はなく、自分の問題意識に照らして疑問な点を質し、意見交換したいのです。表題の通り、社内のプレゼンでは「質疑応答がメインイベント」なのです。

　役員は「他社でも同様の計画が実行されたことはあるのですか？」などと質問しますが、本音は「他社でも実施していない早まった計画は無理だろ！」という批判です。質問≒批判なのです。

　批判に対してプレゼンターが「そんなことはありません」などと批判的に回答すると、質問者はますます批判的になります。しかし、批判し合うのがプレゼンテーションの目的ではありません。プレゼンターと聴き手が一緒になって考えて、テーマに関して認識を深めたり、解決策を考え出したりすることです。

　プレゼンターと聴き手が協創するためには、P90〜95のようにインタラクティブな質疑応答を実践する必要があります。その前提として、改めて「質疑応答がメインイベント」を肝に銘じておきましょう。

第 5 章

部下との協創型の対話

経営者・マネジャーは、部下に対して指示・命令するだけでなく、部下と対話し、合意を得ながら仕事を進める必要があります。適切な質問を使って相手から発言を引き出し、お互いが主張し、協力して問題を解決するのが良い対話です。この章では、部下など関係者との対話を深める技法を検討します。

48 TPOを意識して 対話に誘う

　　コンビニエンスストアで店長をしている増田さんは、アルバイトの安形さんの勤務態度が気になっています。以前は勤務態度が良かった安形さんですが、最近、遅刻が増え、釣り銭間違いなど細かいミスが目立つようになっています。

　　ある日、増田店長は、レジ係として勤務中の安形さんに、レジ作業がひと段落したところで声をかけました。

増田店長「安形君、最近調子はどう？」
安形さん「ええ、まあボチボチというところです」
増田店長「学校の方が忙しいとか、問題ないの？」
安形さん「はい、大丈夫ですよ」
増田店長「そうか」
安形さん「あ、お客さんが来ました……」

問題

　　増田店長の対話への誘い方には問題があると思われます。どのような問題があり、どう改善するべきでしょうか。

解答

・勤務時間中・作業中に声を掛けている。

　→　休憩室など場所を変える。

　→「今から10分間」など、きちんと時間を確保する。

・「最近調子はどう？」という切り出しで、世間話という印象を与えている。

　→「最近の勤務態度について話をしたい」と対話のテーマをきちんと伝える。

解説

　部下と良い対話ができないことを悩むマネジャーが多いようです。対話が深まらない原因は様々ですが、意外と難しいのが、本問で取り上げた対話の入り口です。

　一般に部下との対話は、上司からの声掛けで始まります。ＴＰＯと言われるように Time（時間）、Place（場所）、Occasion（場合）に注意して対話に誘います。

　作業がひと段落したといっても、勤務中だと対話に集中できません。また、他のメンバーやお客さんのことも気になるでしょう。集中できるような場所を確保するとともに、10分間とか時間を区切るようにします。

　また、日本人はとくにテーマを示さず、何となく対話を始めようとしますが、それだと、増田店長と安形さんのようによもやま話になってしまいます。簡単でも良いので、何について話し合いたいかを伝えるようにします。

　ただ、増田店長のやり方が絶対に間違っているということではありません。職場で軽く声を掛けた方が、リラックスした雰囲気で色々な話が展開できるというメリットがあります。相手のことをよく知っている、お互いに信頼関係がある、それほど深刻なテーマではないというなら、増田店長のような誘い方でも構いません。

49

イシューを明確化する

　中尾さんは、衣料品店の店長をしています。

　ある日、部下で売り場チーフをしている小松さんが、中尾さんに話し掛けてきました。

小松さん「先週入ったパートの谷沢さんのことでお話ですが……」

中尾さん「ああ谷沢さんね。もう５日くらい売り場に入ってるかな」

小松さん「ええ、私の指導に問題があるかもしれませんが、谷沢さんの仕事の覚えが悪くて……」

中尾さん「谷沢さんは以前、飲食店で働いてたんだっけ？」

小松さん「そうみたいです。衣料品店で働くのは初めてだと言っていました」

中尾さん「まあ色々と不慣れだろうから、長い目で見てじっくり付き合っていくべきだろうね」

小松さん「そうですか……」

問題

　中尾さんの対話の進め方には問題があると思われます。

　問題点と改善策を示してください。

解答

　全体に小松さんが相談したいことをしっかり話し合っていない。対話技法の具体的な問題点は、

① 覚えが悪くてどういう悪影響が出ているのか聞いていない。

　　→「それで、何か悪い影響が出ているのかい？」

② 原因を究明せず、「不慣れだから」と決めつけている。

　　→「仕事に慣れていないかもしれないけど、他にも適性など問題あるのかな？」

③ 対策を小松さんと一緒になって考えていない。

　　→「一緒に対策を考えようか。まず小松さんの意見を聞かせてもらえますか？」

解説

　対話は、上司から持ち掛けることもあれば、本問のように部下から相談を持ち掛けられる場合もあります。相談を持ち掛けられた場合、イシュー、つまり話し合いで明らかにしたいことが明確な場合もあれば、小松さんのようにはっきりしない場合もあります。とくに相談者にとって都合の悪いことを相談する場合、イシューをぼかしてなんとなく対話が進むことがよくあります。

　この場面で小松さんは、新人教育について話し合いたいのかもしれませんし、パート採用の進め方、正社員とパートの役割分担、谷沢さんの適性などについて話し合いたいのかもしれません。また、軽く意見交換したいのか、切羽詰まった深刻な相談なのかもわかりません。

　したがって相談を受けた中尾さんは、決め打ちせず、質問を投げかけることによって段階的にイシューを明らかにしていくと良いでしょう。

　なお、冒頭で「いったい何について話し合いたいんだ」と聞く人がいますが、上位役職者がいきなり強い調子で迫ると、部下は委縮して肝心なことを相談できなくなってしまいます。事実を聞くことから始めてイシューに迫っていくのが適切です。

50

相手の関心度合いを確かめる

　野畑さんは、スーパーマーケットの店長をしています。

　現在この店では、昼食について総務担当者が毎朝希望者を募って弁当屋からまとめて配達してもらっています。しかし、自分で弁当を持参する従業員が増えていること、昼休みが交替制で弁当の配達時間が昼食時間と合わないケースが出ていることから、会社が注文をするのをやめようと野畑さんは考えています。

　方針を決める前に、野畑さんは3人の売り場チーフに事情を説明しました（会議ではなく、一人一人に非公式の対話で）。以下、野畑さんから状況の説明を受けた3人の売り場チーフの反応です。

藤本さん「ああ、そうですか」
入江さん「わかりました。良い改善ではないでしょうか。」
梅田さん「先週も横井さんから同じことを言われました。良い改善ですね。いつから変更するんですか？」

問題

　藤田さん・入江さん・梅田さんそれぞれに対し、野畑さんはどう対話を続けるべきでしょうか。

解答

・藤本さん→ 状況を確認する。

「（藤本さんの）惣菜部門では、何人くらい弁当配達を利用していますか。最近利用者が増えたり減ったりしていますか」

・入江さん→ 判断理由を確認する。

「良い改善と考えたのは、入江さんの食肉部門でそういう意見が出ているんですか。事例があったら教えてください」

・梅田さん→ 反対意見や留意点を聞く。

「（梅田さんの）日配部門では弁当配達を残してほしいという意見はありませんか」

解説

　対話では、相手の対話テーマに関する関心度合いによって、対話の内容や進め方が違ってきます。

　この問題で、テーマに関心が低い（ない）のが藤本さん、少し関心があり「良い改善」と判断しているのが入江さん、強い関心を持ち発展的なことを聞いてきているのが梅田さんです。

　関心が低い藤本さんに対しいきなり意見を求めても、大した意見は出てこず、対話は深まりません。まず、事実を確認することから始めるようにします。

　少し関心があり意見を持っている入江さんには、「良い施策」と考えた理由を尋ねるようにします。解答のように、具体的な事実を尋ねると良いでしょう。

　梅田さんは、関心が高いのは結構ですが、やや前のめりになり過ぎている印象です。まず反対意見がないかどうかを確認し、変更する場合の留意点などについて対話を深めると良いでしょう。

　なお、関心度合いのほかに、テーマに関する知識・経験、相手が置かれた立場などによっても対応が変わってきます。

51

報告内容を確認する

　不動産販売会社で営業所長をしている長内さんは、部下の栗下さんから業務報告を受けます。

栗下さん「先月は販売目標の達しませんでした。申し訳ありません」
長内所長「謝ってもらってもなぁ。新マンションシリーズ・シータは
　　　　　好評だって聞いていたんだが」
栗下さん「そうですね。知名度は上がっている割に、販売に結びつい
　　　　　ていません」
長内所長「で、来月はどうなんだい？」
栗下さん「シータは、テレビCMの効果で市場に浸透しつつあります。
　　　　　来月は大丈夫だと思います」
長内所長「そうか、来月は決算前の正念場だ。期待しているよ」
栗下さん「はい、わかりました」

問題

　栗下さんから報告を受けた長内所長の対応には問題があると思われます。問題点と改善策を示してください。

解答

・どれくらい目標に未達だったのかを具体的に確認していない。

　→「販売目標に何％、何万円足りてないの？」と数字を訊ねる。

・原因を掘り下げていない。

　→「未達に終わった理由を詳しく聞かせてもらえるかい？」と因果関係を訊ねる。

・具体的にどう活動するのか確認していない。

　→「営業活動をどう変えるつもりだい？　一緒に考えてみようか」と今後の
　　対策を聴く、あるいは一緒に考える。

解説

　業務報告に関する問題です。

　マネジャーが部下と行う対話で一番多いのは、部下からの業務報告を受けることでしょう。定期的に報告を実施している場合、長内所長と栗下さんのようにおざなりな対話になってしまいがちです。

　まず、業務報告が重大なものなのかどうか確認する必要があります。一口に「目標が未達」と言っても、１％未達と50％未達では、重大さがまったく違います。解答のように、数字で確認するようにします。

　次に原因を訊ねます。目に見える行動・結果を求める営業などでは、長内所長のように「で、来月はどうなんだい？」と話が次に向かいがちです。しかし、原因がわからないと次にどう行動するべきかがわかりません。「なぜ？」をしつこく訊ねるようにします。

　原因がわかったら、最後に対応策を確認・検討します。まずは相手に訊ねますが、明確な答えを持っていないことも多いので、解答のように一緒に考えるということも必要になります。

52 質問を使い分ける

化学メーカーの研究所でチームリーダーをしている戸枝さんは、部下の市原さんのことが気になっています。

市原さんは入社5年目の若手の研究者です。持ち前の探求心とガッツで色々なプロジェクトで実績を残しており、人事考課では高く評価されています。

その市原さんの様子が最近おかしくなっています。会議のすっぽかしや細かいミスが目立ちます。先日も企画書の送付先を間違えて、関係者が大慌てになりました（この問題は解決済み）。

他のメンバーによると、市原さんはプライベートで悩みごとがあるようですが、詳しいことはわかっていません。

なお、戸枝さんは3か月前に転勤してきたので、市原さんのことをそれほどよく知っているわけではありません。

問題

戸枝さんは、市原さんに対しどういう順番で何を聞くべきでしょうか。3つ質問を列挙してください。

解答

① 「先日の企画書の送付先間違いは、何も問題なかったかい？」
② 「最近細かいミスが増えているけど、何か問題あるのかい？」
③ 「プライベートの問題があれば、差し支えない範囲で教えてもらえますか？」

解説

対話がうまく行くかどうかは、質問で決まります。適切な質問を行うことによって、相手から必要な情報を得ると同時に、論点をはっきりさせることができます。

質問には次の4種類があります。

A) イエス・オア・ノー型質問

具体的な事柄についての事実関係を確認するための質問。答えはイエスかノーになります。「注文の品は定刻どおり到着しましたか？」

B) 限定的・事実確認型質問

具体的な事柄についての事実関係を確認するための質問。答えは具体的な数値などになります。「今期の顧客獲得件数は何件でしたか？」

C) 限定的・説明型質問

具体的な事柄について理由や見解を引き出すための質問。「なぜこのところ売上が減少しているのでしょうか？」

D) 広角型質問

ある事柄について特定の側面に限定せず、幅広く相手方の意見を求める質問。「今後の新規事業の見通しをどうお考えでしょうか？」

まだ打ち解け合っていない相手の場合、とくに対話の初期段階では、高角型質問で「市原さん、何か悩んでいるのかい？」と聞いても、あまり話が弾みません。最初は、①のように解決済みのことを確認程度に聞くなど、簡単な質問で相手に楽に話させて、慣れてきたら徐々に難しい質問をすると良いでしょう。

53

部下の本音を引き出す

　百貨店の外商得意先係の永田係長は、部下の大和田さんに得意先名簿を整理する作業の進捗状況を訊ねています。

永田係長　　「名簿の整理の方は進んでいるかい？」
大和田さん「ええ、頑張っています……」
永田係長　　「創業祭セールの案内の発送は再来週の火曜日だよね。遅
　　　　　　　れちゃ困るんだけどな」
大和田さん「何とかなると思いますが……」
永田係長　　「そうか、ならいいんだが、頼りない口ぶりで心配だな。
　　　　　　　しっかりやってくれよ」
大和田さん「はい、何とか頑張ります……」

　実は大和田さんは、以前担当した業務のクレーム対応に時間を取られて、得意先名簿の整理はあまり作業が進んでおらず、悩んでいます。

問題

　永田係長が大和田さんの本音を引き出せていないのなぜでしょうか。理由と対話の改善策を示してください。

解答

　大和田さんは永田係長に共感していない。永田係長は、次のように大和田さんの立場に立って質問する。

→ 「最近、暑い日が続いて、仕事のペースが落ちるよね。体調の方は大丈夫かい？」

→ 「名簿の整理の方は順調かい？　他の仕事と重なったりしていない？」

解説

　対話相手との共感に関する問題です。部下は、上司の質問に対しすべてきちんと答えてくれるとは限りません。とくに、大和田さんのようにミスや都合の悪いこと、あるいは悩みなどを隠そうとします。

　上司が部下の本音を引き出すうえでポイントになるのが共感です。共感とは相手と同じ喜怒哀楽の感情を共有することを意味します。共感する相手には本音を打ち明けますが、共感しない相手にはガードを固くします。

　永田係長は、「遅れちゃ困る」「頼りない口ぶりで心配だな」と発言しています。困るのも、心配なのも永田係長であって、大和田さんの立場に立っていません。共感から遠ざかってしまう、不適切な発言です。こうした不用意な発言を控え、解答のような相手の立場に立った聞き方をします。

　なお、部下が「実は……」と本音を語り始めたら、即座にコメントを返さず、最後まできちんと聴くようにします。話を十分に聴かず「そんな大事なこと、なんで黙っていたんだ」などと叱責すると、ますます部下は本音を開示しなくなります。

　相手の話を最後まで聞き、いったん受け止め、一緒になって対策を考えます。「もっと早く知らせる」は、すべて一段落した後、部下から反省を引き出すのが理想です。

54

演繹法・帰納法で主張し合う

　ある工場の工場長の坂口さんと品質管理責任者の岩永さんが話し合っています。

坂口さん「最近の現場の様子はどうかな？」

岩永さん「①相変わらず品質不良があります。納期遅れもあります。配送ミスも目立ちます。全般に改善が進んでいません」

坂口さん「②配送システムを昨年更新したたよね。人的なミスはなくなるはずじゃなかったの？」

岩永さん「③やっぱりコミュニケーションです。配送グループのメンバーのコミュニケーションを高める必要があります」

坂口さん「コミュニケーションだけの問題なのか？」

岩永さん「④山崎さんは業務知識が不足しています。横山さんはモチベーションが下がっています。吉村さんはマナーが悪いです。抜本的な改革が必要です」

問題

　下線部①②③④は、それぞれ演繹法・帰納法のどちらを用いているでしょうか。演繹法については観察・ルール・結論が何か、帰納法については観察・結論が何かも指摘してください。

解答

①帰納法：観察「品質不良」、観察「納期遅れ」、観察「配送ミス」、結論「改善が進んでいません」

②演繹法：観察「配送システムを昨年更新」、ルール「配送システムで作業が自動化される（＝手作業がなくなる）」（省略）、結論「人的なミスがなくなる」

③演繹法：観察「配送ミスがある」（省略）、ルール「やっぱりコミュニケーション（＝配送作業ではコミュニケーションが重要）」、結論「配送グループのメンバーのコミュニケーションを高めるべき」

④帰納法：観察「山崎さんは業務知識が不足」、観察「横山さんはモチベーションが低下」、観察「吉村さんはマナーが悪い」、結論「改革が必要」

解説

　対話での演繹法・帰納法の活用に関する問題です。コーチングの教科書では、よく「上司は主張を抑えて、部下の発言を引き出すことに徹しろ」と書かれています。しかし、質問して聴いているだけではダメで、言うべきことはしっかり主張する必要があります。聴き手・話し手の役割を固定するのではなく、お互いが主張し、お互いが聴き、協力して合意に至るのが、理想的な対話のあり方です。

　主張するときには、演繹法か帰納法で論理展開します。演繹法ではP9、帰納法ではP17で取り上げたポイントに注意します。とくに対話では、コミュニケーションを簡略化するために省略が行われますので、注意します。

55

相手の主張の
論拠を確認する

　電機メーカーの人事部の吉田課長と中村係長が来年度の予算方針について話し合っています。

中村係長「次の予算で、わが社でも社員向けの託児所を設置したいと考えています」

吉田課長「最近ニュースとかでも、子育て支援のため託児所を設置する企業が増えているようだね。でも、わが社託児所のニーズがそんなにあるのかな？」

中村係長「総務部の大橋さんと研究所の田中さんが託児所の設置を要望しています。名古屋営業所の奥野さんと広報部の小田さんが、子供を近所の託児所に預けてから出社するのがたいへんだと言っていました」

吉田係長「そうか……」

中村係長「課長、予算案の検討を進めてよろしいでしょうか？」

問題

　中村係長の提案を判断するために、吉田課長はどのようなことを確認する必要があるでしょうか。

解答

①大橋さん・田中さんの要望が「是非とも設置してほしい」という強いものなのか、「あったらいいなぁ」という程度なのか確認する。

②奥野さん・小田さんが託児所の設置まで求めているのか、不満はあるものの我慢できる程度なのかを確認する。

③この企業が大企業なら、全社的な実態調査を実施し託児所のニーズを確認する。

解説

　帰納法を使った対話に関する問題です。中村係長の提案は、以下のように典型的な帰納法です。

　主　張　「わが社でも託児所を設置したい」
　論拠1　「総務部の大橋さんが託児所設置を要望」
　論拠2　「研究所の田中さんが託児所設置を要望」
　論拠3　「名古屋営業所の奥野さんは近所の託児所に子供を預けるのがたいへん」
　論拠4　「広報部の小田さんは近所の託児所に子供を預けるのがたいへん」

　帰納法による結論が主張として確からしいかどうかは、観察の質と量で決まってきます。まず、中村係長の論拠として持ち出した4人が託児所をどの程度要望しているのか不明なので、①②を確認します。

　従業員が30人の会社なら、そのうち子育て世代の従業員の数は10人に満たないでしょうから、4人が託児所の設置を希望しているなら多数意見です。しかし、従業員1万人以上いる大企業なら、4人では少数意見です。この場合、③のような調査が必要になります。

56 反証可能性のない 主張を許さない

　化粧品メーカーで営業課長をしている藤田さんと部下の山下さんの対話です。

藤田さん「新製品Kは期待したほど売上が伸びていないね」
山下さん「申し訳ありません。今のところ、計画比32%マイナスです。来月から巻き返します」
藤田さん「テレビCMとか結構評判良かったんだけどなぁ。何が問題だったんだろうか?」
山下さん「10月1日の全国発売の10日前に、ライバルのN社が類似品を新発売したことが響きました。N社が類似品を出していなければ絶対にKは売れたはずです」
藤田さん「なるほど、それもそうだな。N社に負けないように、気合を入れて頑張ってくれよ」
山下さん「はい、頑張ります」

問題

　この対話には問題があると思われます。藤田さんの立場から問題点と改善策を指摘してください。

解答

①N社が類似品を出したことが販売不振の原因だとする山下さんの説明は、反証可能性がない。この科学的でない説明を藤田さんは鵜呑みにしてしまっている。

　→ Kの製品・価格・広告宣伝に問題がないか、消費者の声を拾って調べさせる。

②山下さんへの指示が具体的でない。

　→ ①に基づき今後の対策を立案し、改めて報告するよう指示する。

解説

　主張の反証可能性（P20 ～ 21 参照）に関する問題です。命題を事実によって棄却することを反証と言い、主張には反証可能性があることが大切です。

　山下さんの「N社が類似品を出していなければ絶対にKは売れたはずです」という主張は、実際に正しいかもしれませんが、すでにN社が類似品を出している状況で反証することは不可能です。反証可能性がない（否定のしようがない）状態で、それ以上、原因や対策を考えることが困難になっています。

　対話では、意外と山下さんのように科学的でない説明をして、それを藤田さんのように「なるほど」と納得してしまうことがあります。相手が反証可能性のない主張・説明をしたら、鵜呑みにせず、他に原因がないのか検討する必要があります。

57

コンフリクトを協創で解消する

　経理課長の藤原さんの部下、松井さんと中田さんが業務上のトラブルのことで言い争いをしています。

松井さん「課長、中田さんが勘定科目の変更をちゃんとみんなに知らせないから、月次処理でミスが発生してしまいました」

中田さん「え、俺のせいってわけ？　勘定科目の変更なら、システムの初期画面に表示されてただろ」

松井さん「あんな初期画面、誰も見ないじゃないですか。課内会議とかでちゃんと知らせてくれないと困りますよ」

中田さん「自分の見落としを棚に上げて先輩を批判するのか。身勝手人間だな」

松井さん「身勝手人間って、１年先輩ってだけで横柄な物言いですね」

藤原課長「まあまあ、言い争いはやめにしないか。お互い席に戻って、頭を冷やそうじゃないか」

問題

　松井さんと中田さんの言い争いへの藤原課長の対処は不適切だと思われます。どう対照するべきでしょうか。

解答

① 「身勝手人間」「横柄」といった感情的表現は控え、事実を指摘するよう指示する。

② 今回のトラブルの原因究明と再発防止の対策立案について、二人で協力して実施するよう指示する。

解説

　コンフリクトの解消に関する問題です。意見の対立・摩擦・軋轢のことをコンフリクト（conflict）と言います。今回のようなメンバー同士だけでなく、上司と部下、対他部署や対顧客など、あらゆる場面でコンフリクトが発生します。

　藤原さんの対応は、問題を直視せず、協力して解決に取り組んでおらず、コンフリクトを「回避」しています。これでは、トラブルが解決しないだけでなく、二人の人間関係も壊れたままです。

　まず、「頭を冷やそう」と言われて、熱くなっている当事者が冷静になれるわけではありません。物理的に距離を置くというのはたしかに一法ですが、対話は終わってしまいます。ここは①のように、感情的な言葉を控えて通常の対話に戻します。

　トラブルが起こったら、原因究明と対策立案を行います。藤原課長・中田さん・松井さんの3人で検討することでも良いですが、解答②では部下二人に協力して対処するよう指示を出します。

　他者と協力して成果を作り出すことを「協創」と言います。こういう場面で相手を非難する二人は、おそらく日ごろから「協創」が実践できていないことでしょう。ただトラブルを解決するだけでなく、二人に「協創」を実践するチャンスを与えようというのが、解答②の狙いです。

58　論点を整理する

　イタリアン・レストランのオーナーの川村さんは、店長の野中さんと店の売上高について話し合っています。このレストランは昨年まで順調でしたが、今年に入って売上高が前年比でマイナスになる月が増えています。

　ここまでの話し合いで、広告宣伝費の上積み、サービスタイムの設定、地域の他店との共同キャンペーンといったアイデアが出てきました。

川村さん「色々なアイデアが出てきましたね。すべてやるわけには行かないから、どれにするか決めなきゃ」

野中さん「ええ、川村さんがさっきおっしゃった共同キャンペーンって、今までになかった斬新なアイデアですね」

川村さん「ええ、地域全体で盛り上げて行くのはどうかな、と」

野中さん「来週、商店街の集まりに顔を出すので、ちょっと可能性を探ってみます」

問題

　共同キャンペーン実施を決定する前に、この対話で何を話し合う必要があるでしょうか。

解答

・論点を整理し、重要な論点が漏れていないかどうか確認する。施策が売上高（＝来客数×客単価）のうち来客数に偏っているので、客単価についても検討する。
・決定基準を明らかにする。

解説

　対話プロセス終盤の論点の整理に関する問題です。対話で最終的に合意する前に、論点を整理し、決定基準を明確化する必要があります（決定基準については次問で検討します）。

　論点の整理で何より大切なのは、対話のテーマについて主要な論点が出尽くしたかどうか、ＭＥＣＥ（P29参照）を確認することです。

　本問のように対話の過程でパッと良いアイデアが閃くと、「よしそれでいこう！」と即座に合意したりします。しかし、パッと閃いたアイデアがベストのアイデアとは限らないので、アイデアを実行した後に、別の良いアイデアに気づき、早まって合意したことを後悔したりします。

　そうならないためには、対話を主導する側（マネジャーなど）は、合意に進む前に、出てきたアイデアがＭＥＣＥかどうか、とくに漏れがないかどうかを確認する必要があります。この問題は、数量×単価ということで比較的ＭＥＣＥかどうかを判断しやすかったと思いますが、ビジネスでは判断しにくいことがよくあります。以下のような代表的なフレームワークを活用すると、この作業が効率化します。

　事業の分析→**３Ｃ**（Company 自社、Customer 顧客、Competitor 競合）
　環境分析→**SWOT**（Strength 強み、Weakness 弱み、Opportunity 機会、
　　　　　　　　　　Threat 脅威）
　業務の評価→**QCD**（Quality 品質、Cost 価格、Delivery 納期）

59

納得できる合意を
形成する

　鶴岡さんは、メンタルヘルスで会社を休職している部下の門田さんと、職場復帰に向けて話し合っています。

鶴岡さん「医者からは（職場復帰しても大丈夫という）ゴーサインが出たんだね」

門田さん「ええ、まあそうですが」

鶴岡さん「で、門田君はどう考えてるの？　君の希望を最優先するわけだが」

門田さん「来週からでも復帰したいのですが、少し迷うところはあります」

鶴岡さん「不安な気持ちはわかるけど、先延ばしにすると、ますます復帰しづらくなっちゃうよ」

門田さん「それもそうですね」

鶴岡さん「スムーズに職場に戻るには、あまり間を置かず復帰するべきだと思うがな」

門田さん「わかりました。来週から復帰します」

問題

　鶴岡さんの合意形成の進め方には問題があると思われます。問題点と改善策を指摘してください。

解答

・「君の希望を最優先する」と言いながら、自分の考えを押し付けている。

　　→門田さんが何について迷っているのか訊ね、本人の希望を叶える。

・決定機基準を検討せず、「スムーズな職場復帰」という基準を押し付けている。

　　→再発リスク・人間関係など他の基準も併せて総合的に検討する。

解説

　対話の最後の合意形成に関する問題です。対話すること自体が目的という場合もありますが（雑談に近い対話）、多くの場合、最終的に何らかの合意に至ることを目指します。

　対話での意思決定の基本は合意です。合意とは、当事者の意見が一致して意思決定することです。第６章で検討する会議では、合意、つまり全会一致ということもありますが、多人数になると全会一致は難しいので、多数決で意思決定します。対話では、意見が対立していたら、お互いが納得するまで話し合います。

　鶴岡さんと門田さんは「来週、職場復帰」で合意しました。ただ、鶴岡さんの希望を押し付けており、門田さんが納得しているのか疑問です。上司から迫られると断りにくいので、できるだけ部下から希望を言ってもらうようにします。

　意思決定をするには決定基準（クライテリア criteria）が必要です。鶴岡さんは「スムーズな職場復帰」という会社サイドが重視する基準を押し付けていますが、解答の通り他にも色々な決定基準があります。性急に決定するのではなく、どういう決定基準があるのか、代表的な基準を列挙すると良いでしょう。

60

明確な
指示・命令を出す

　ある社内会議の開始直後、進行役を務める津田課長は、参加者の中で一番若い新入社員の中沢さんに指示を出しました。

津田課長「中沢君、会議の議事録を来週月曜日までにメールしておいてくれよ」

中沢さん「あのぉ、議事録ってよくわかりませんが……」

津田課長「わかりませんって、中沢君。主だった発言や決定事項が書かれていれば良いんだが」

中沢さん「はあ、そうですか」

津田課長「まあ、頼んだぞ」

問題

　この津田課長の指示は、新人の中沢さんには不適切だと思われます。この指示の問題点と改善策を示してください。

解答

　津田課長の指示は、アウトプット（結果）に関してだけで、どういう行動を取るべきかがわからない。以下のように改善する。

「まず会議中は、発言者の代表的な意見や決定事項を整理しようとせず、時間順で記録する。会議が終わったら、忘れないうちにテーマ別など分類・整理する。さらに会議で積み残した事項や今後やるべきことが分かるようにまとめてください。これを来週月曜日までに報告するように」

解説

　指示・命令に関する問題です。

「指示・命令は部下を委縮させてしまう、対話で部下のやる気を引き出すべきだ」と指示・命令は対話と対立すると捉える見方があります。しかし、部下など関係者に的確な指示・命令を出すことはマネジメントの基本であり、対話の一形態と考えるべきです。

　指示・命令では、具体性が大切です。アウトプット（結果）の具体性もさることながら、そのためにどう行動するかというプロセス（活動）の具体性も大切です。

　津田課長の指示は、結果に関する内容で、結果を出すために中沢さんがどう行動するべきかがわかりません。業務知識・経験が豊富なベテランが相手ならともかく、中沢さんのような新人には解答のようにどう行動するべきかを具体的に示すと良いでしょう。

　なお（問題の主眼とは関係ありませんが）、議事録を作成する時、会議中に整理・分類しながら記録する人が多いようです。この方法だと、記録と整理・分類の2つの作業を同時にやるので、不正確で抜け漏れのある議事録になりがちです。慣れない内は、会議中は整理せず、時間順に記録し、終了後に整理・分類すると良いでしょう。

COLUMN

「雑談の力」

　この章のテーマは対話でしたが、職場では雑談もよく行われます。対話よりはインフォーマルで、目的・目標が存在しない会話のことを雑談と言います。

　よくわれわれは「雑談なんてしていないで、まじめに仕事をしろ」と雑談を否定的に考えます。しかし、近年のマネジメント研究では、より良い仕事をするには雑談が重要であることが確かめられています。組織論の大家ジョン・コッター教授によると、業績の高い優秀な経営幹部は雑談を重視しており、勤務時間の多くの時間を部下・関係部署・顧客などとの雑談に使っているそうです。

　個人が持っている知識・スキルには限界があるので、より高度な仕事をするには、関係者が持っているさまざまな知識・スキルを組み合わせていく必要があります。経営の上層部になるほど、自分が何を知っているか（to know what）よりも、誰が何を知っているかを知ること（to know who knows what）が大切です。そして、誰が何を知っているかを知るためには、公式の人事情報よりも雑談が有効なのです。

　では、雑談の延長で、飲み会はどうでしょうか。飲み会には、人柄まで含めてお互いの理解が深まるというメリットがあります。ただ、飲み会でまじめな仕事の話をするのは無粋なので（人事の話はよくしますが……）、誰が何を知っているかを知ることはできません。また、厚生労働省の調査によると飲酒習慣者（週3日以上で、清酒に換算し1日1合以上飲酒する者）は20歳代ではわずか13%で、飲み会をコミュニケーションの場とするのには無理があります。

　飲み会で深夜まで騒ぐよりも、職場の中で10分とか短時間の雑談をする方が効率・効果ともに高いでしょう。

第 **6** 章

生産性の高い会議

ビジネスでは、社内外で公式・非公式の会議がたくさんあり、会議運営の巧拙がビジネスの成果を大きく左右します。日本では、会議の生産性（＝成果÷投入資源）が低いことが問題になっています。この章では、会議の生産性を高めるためのファシリテーションの技法を司会・進行役の立場から検討します。

会議を使い分ける

　化粧品メーカーの本多さんは、新商品開発のプロジェクト・リーダーに就任しました。このプロジェクトでは、高齢者向けの健康志向の新商品を開発しようとしています。

　まず本多さんは、①バイオテクノロジー研究の最新の動向について情報収集する必要があります。そして、②収集した最新の動向を5人のチームメンバーに伝達します。

　続いて、③情報を元にメンバーと新商品のコンセプトを検討します。コンセプトが固まったら試作品と提案書を作成し、④担当役員に説明し、製品開発のゴーサインをもらいます。

問題

　会議には、以下の4種類があります。

Ａ・意思決定型…ある事柄をメンバーと一緒に決める

Ｂ・問題解決型…問題点の原因・解決策をメンバーと検討する

Ｃ・情報共有型…あるテーマについて情報をメンバーと共有する

Ｄ・教育啓蒙型…あるテーマについてメンバーに教える

　本多さんは①②③④の状況について、ＡＢＣＤのどの会議を開催し、どの会議に参加するべきでしょうか。

解答

① D・教育啓蒙型……社外セミナーや学会に参加する

② C・情報共有型……メンバーとのミーティングを開催する。

③ B・問題解決型……メンバーとのミーティングを開催する。

④ A・意思決定型……担当役員が参加する商品開発会議を開催する。

解説

　会議の種類と使い分けに関する問題です。

　業種・職種にもよりますが、ビジネスでは社内外でたくさんの会議があり、ビジネスパーソンは勤務時間の相当部分を会議に費やしています。日本企業は会議の生産性（＝成果÷投入資源）が低いと言われており、短時間・少人数で成果を上げることは重要な課題です。

　一口に会議と言っても、色々なタイプの会議があります。まず、どういう目的でどういうタイプの会議を開催するのか、参加するのかを判断する必要があります。問題の通り、会議には意思決定型・問題解決型・情報共有型・教育啓蒙型があり（違った分類の仕方もあります）、目的に応じて会議を使い分けます。

　なお、会議の生産性が低い原因として、「とりあえず」と顔を出す不要な参加者が多いことやダラダラと長時間会議を続けてしまうことが指摘されます。会議の目的を明確にして招集することで、不要な参加者が減ります。開会時に会議の目的を確認することで、ダラダラと続けることが少なくなります。

62 開会あいさつで会議を方向付ける

　　食品スーパーで営業企画課長をしている平井さんは、全店の店長を集めた月例の店長会議で進行役を務めます。

　　以下は、平井課長の開会あいさつです。

「この度はお忙しいところ、月例の店長会議にお集まりいただき、誠にありがとうございます。

　　今から1時間半にわたって会議を進めます。

　　開会にあたり、まず石川本部長からご挨拶をいただきます」

問題

　　平井課長の開会あいさつには問題があると思われます。

　　問題点と改善を指摘してください。

解答

・会議参加に対する謝意だけで、日ごろの活動に対する謝意・ねぎらいがない。

　　→「日ごろは、消費不振やネットスーパーの台頭など厳しい環境の中、店舗
　　　　運営と顧客満足向上に尽力いただき、ありがとうございます」

・目的がはっきりしない。

　　→「本日の会議の目的は、販売の現状と今後の営業方針を共有し、営業活動
　　　　の進め方を確認することです」

・アジェンダ（議題）を確認していない。

　　→「本日の議題は3つあります。1つ目は皆さんからの先月の販売状況の報
　　　　告、2つ目は石川本部長から新しい販売方針の説明、3つ目は今後の販
　　　　売方針です」

・進め方を確認していない。

　　→「1つ目の議題では皆さんから、2つ目では石川本部長からの報告になり
　　　　ますが、3つ目の討論を重点的に実施したいと思います。意見交換の場
　　　　として積極的な参画をお願い致します」

解説　　　会議のオープニングに関する問題です。よく「最初
　　　　　が肝心」と言われる通り、会議の生産性を高める上で、
開会あいさつがカギを握ります。この問題のような定期的に開催されている会
議では、簡単な挨拶だけで本題に入る場合が多いようですが、時間を取って、
目的・アジェンダ・進め方を説明すると良いでしょう。

　冒頭に目的を示すのは、第4章の対話と同じです（P107参照）。ただ、対
話よりも明確かつ具体的に伝えるようにします。また、対話と違って目的だけ
でなく、細かいアジェンダまで事前に設定し、冒頭で確認します。

　さらに、会議の進め方についても一言触れるようにします。目的と大いに関
係しますが、ただ聴くだけで良いのか、討論やアウトプット作成に参加して欲
しいのか、などどのように参加して欲しいのかを示すと良いでしょう。

63

議論の活性化①
幅広く意見を募る

　食品スーパーで営業企画課長をしている平井課長は、全店の店長を集めた月例の店長会議で進行役を務めます。

　石川本部長から来月の営業方針について説明があった後、平井課長は次のように出席者に意見を求めました。

「先ほど石川本部長から説明いただいた営業方針について、何か意見はありますか。

　どんなことでも良いので、自由に意見を言ってください。

　え、何もないんですか。

　皆さんの業務に大いに関係することだと思うのですが……。

　何も意見がないというのはちょっと残念ですが、次の議題に移りましょうか」

　その後も出席者からの意見表明はなく、会議は低調でした。

問題

　平井課長は、意見交換を活性化させるためにどうすれば良いでしょうか。

解答

① 方針を示す前に、意見を募る。

② 具体的な論点を指定して質問する。

③ 口火を切る人を事前に依頼しておく。

④ ブレインストーミングを取り入れる。

解説

　ただ情報を伝達するだけなら文書を作って配布すれば良いわけで、わざわざ会議を開催するのは、参加者で議論をしたいからです。活発な議論を演出することは、司会・進行役の重要な役割です。

　日本企業では、もともと参画意識の低い「とりあえず」という出席者が多い上、他人との対立を避ける国民性もあって、会議で多彩な意見が次々と飛び出すというのはまれです。司会・進行役は、平井課長のように意見を募るだけでなく、解答のような工夫・仕掛けをする必要があります。

　地位の高い役職者が先に方針・結論を示すと、地位が低い参加者は意見を表明しにくくなります。解答①の通り、方針を示す前に論点を示して意見を募ると意見を言い出しやすくなります。

　出席者は「何でもご自由に」と言われると、逆に何を発言したら良いのかわからなくなる場合があります。解答②の通り、具体的に質問すると良いでしょう。

「先ほどの方針の中で広告宣伝費の削減は、年末商戦に向けて影響ないでしょうかね？」

　また、大きな会議・フォーマルな会議ではなかなか発言が出ないので、③の通り、事前に質問者を依頼しておくのは有効です。とくに、元気のいい若手に依頼しておくと、会議の雰囲気が一気に活性化します。

　なお、解答④ブレインストーミングについては、次問で検討します。

64

議論の活性化②
発散的に意見を出させる

　月例の店長会議で進行役を務める平井課長は、今後の営業方針についてブレインストーミング（自由に意見を出させる討論技法）をすることにしました。以下は、ブレインストーミングの一部です。

平井課長「今後の営業方針についてブレインストーミングをします。ブレインストーミングは、制約条件を設けずに自由に意見を出し合うやり方ですから、自由にどんどん意見を言ってください」

中本さん「最近、ＳＮＳに当社のことが色々と書かれています。これまでも来店客の声は店頭の投書箱などで取り込んできましたが、来店客以外も意識したお客様相談窓口を新設するべきだと思います」

平井課長「なるほど、たしかにＳＮＳの影響は無視できませんね。良い着眼点だと思います」

藤原さん「一昨年から本格展開している配達サービスですが、受発注・商品の仕分けなど店頭の負担が大きいですし、配送業者への委託運賃も上がっています。個人的には縮小するべきではないかと思います」

平井課長「それはどうでしょうか。会社方針としてお客様サービスの充実を掲げていますからね」

問題

　平井課長のブレインストーミングの進め方には問題があると思われます。問題点と改善策を示してください。

解答

・ブレインストーミングの進め方を明示していない。
　→ブレインストーミングの4原則と制限時間を示す。
・中本さんと藤原さんの発言に対して批評している。
　→批評せず、意見を確認する程度にとどめる。

解説

　発散的に意見を出させるための討論技法としてブレインストーミングがあります。ブレインストーミングとはブレイン（脳）にストーム（嵐）を起こすように、あるテーマについて制約条件を設けずに参加者に自由に発言してもらいます。

　自由に発言してもらうだけなので簡単そうですが、成果を出すのは意外と難しかったりします。最初は調子よく始まっても、やがていつものよもやま話になってしまいます。そうならないよう、以下のブレインストーミングの4原則が徹底します。

① **自由奔放**
② **批判厳禁**
③ **便乗歓迎**
④ **質より量**

　ブレインストーミングを始める前に、司会・進行役は4原則を参加者に伝えます。とくに出てきたアイデアを批判すると闊達な雰囲気が壊れてしまうので、②が大切です。批判しないだけでなく、中本さんのアイデアを平井課長がほめたような批評も避けて、ひたすらアイデア出しをするようにします。

　なお、何も批評せずアイデアを出し続けようというのはかなり苦痛なので、5分とか10分とか時間を区切って実施するとよいでしょう。

65

議論を収束させる

平井課長は、月例の店長会議で進行役を務めています。

今後の店舗運営について出席者から意見を募ったところ、4名から意見が出てきました。意見表明が一息ついたところで、平井さんが次のように議論を整理しました。

「さて、ここまで営業時間を延長しよう、お客様相談窓口を新設するべきではないか、お客様への声掛けを徹底しよう、といった意見が出てきました。一方、藤原さんからは配達サービスは負担が大きいので縮小するべきではないか、という意見が出てきました。

全般に顧客サービスを充実させる方向での意見が多かったようです。会議時間の都合もありますから、この方向で結論をまとめたいと思います……」

問題

平井課長の議事進行には問題があると思われます。問題点と改善策を示してください。

解答

① 意見に顧客サービスに偏っているのに、他に意見がないか確認していない。
　→MECEを確認し、足りない論点を示して意見を募る。
② 藤原さんの少数意見について検討していない。
　→藤原さんに意見の意図を確認する。さらに、全員でサービスを充実させ
　　るべきかどうかを討論する。

解説

　会議の収束に関する問題です。

　意思決定型の会議や問題解決型の会議では、最終的に何らかの結論に到達す
る必要があります。司会・進行役は、参加者に発散的に意見を出してもらい、
ある程度意見が出尽くしたようなら、結論に向けて収束します。

　司会・進行役は、時間的な制約を気にして発散が不十分な状態で収束を急い
でしまいがちです。この問題では、解答①の通り顧客サービスに意見が偏って
いるので、違った論点からも意見を出してもらいます。

　普通は「他に何か意見はありますか？」と問うだけでは、なかなか目新しい
意見は出てきません。司会・進行役は、MECE（P97参照）を確認して足
りない論点を示すと良いでしょう。

「顧客サービスに関する意見は出てきましたが、他にも品ぞろえ、店舗運営、
従業員管理などの観点からもご意見はないでしょうか」

　また、結論を急ぐと、少数意見・異端の意見を排除してしまうことがありま
す。司会・進行役は、解答②の通り、少数意見・異端の意見に真理が含まれて
いないかどうか、発言者の意図を確認し、全体で議論します。

　なお、だいたい議論が出尽くしたら、意思決定の前に出てきた意見を整理・
分類します。

66

明確に意思決定する

　平井課長は、月例の店長会議で進行役を務めています。

　顧客サービスを充実させるべきという意見がたくさん出てきましたが、藤原さんが配達サービスを縮小するべきだという反対意見を出しました。藤原さんの意見に中野さんらが同調し、議論になりました。

中野さん「藤原さんの言う通り、最近、業務負荷が増えて、現場が疲弊しています」

平井課長「しかし、顧客サービスを高めようという全社方針がありましたよね。今の話は方針に反していませんか」

藤原さん「たしかにそうですが、現場なしに顧客サービスを高めるのは難しいと思います」

平井課長「それもそうですね。では結論として、顧客サービスを高めるという全社方針を堅持しつつ、現場の負担が増えすぎないように注意しながら店舗運営をして参りましょう」

問題

　最後の平井課長の決定の進め方には問題があると思われます。問題点と改善策を示してください。

解答

　判断基準（クライテリア）を明確にせず、出てきたアイデアを統合するだけの玉虫色の合意になっている。
→まず代表的な判断基準を列挙して、どの判断基準がこの問題に適合しているかを検討し、選択した判断基準を使って決定する。

解説

　意思決定型あるいは問題解決型の会議では、最終的に参加者の間で何らかの結論（問題解決策）を得る必要があります。司会・進行役は、だいたい論点が出尽くしたと判断したら議論を収束させ、意思決定します。

　開会前から結論が決まっている儀礼的な会議もありますが、活発な議論をするほど、意見が割れます。そのとき、日本では、平井課長のように色々な意見を集約する玉虫色の合意をしがちです。玉虫色の合意では、各参加者が自分の都合の良いように解釈してしまい、会議後に混乱を招いたりします。

　そうならないためには、解答の通り、まずどういう基準に基づいて決定するのかを決める必要があります。色々な判断基準があるので、まず「収益性」「成長性」「経営理念との整合性」「実現性・リスク」「経営資源の制約」といった代表的な判断基準を列挙し、どの判断基準で決定するかを考えるようにします。

　平井課長が議論の中に入り込んでいるのは、客観的な合意形成を難しくしています。司会・進行役は、議論から一歩離れて客観的な立場から議論を進めることに専念すると良いでしょう。

　なお、第5章で検討した対話は、当事者が合意（意見が一致）するのが普通であるのに対し（P127 参照）、会議では全員が合意するとは限りません。

67

会議を締め、今後に繋げる

　ソフトウエア開発会社で経営管理部長をしている青山さんは、予算方針会議の司会をしています。

　今回の議題は①全社方針の説明、②各部の重点課題の検討、③予算申請手続きの変更についての説明、の３点です。

　５０分間かけて①②③の議事を進めて、青山さんは最後に次のように会を締めくくりました。

「以上ご説明しました予算申請手続きの変更について不明点などありますか？

　ないようなら、これにて予算方針会議を閉会にしたいと思います。

　会社も厳しい状況ですが、来期も頑張っていきましょう。本日はお忙しいところご参集いただき、ありがとうございました」

問題

　青山さんの会議の締め（エンディング）には問題があると思われます。問題と改善策を示してください。

解答

・全体のまとめや決議事項の確認をしていない。

　→①③を簡単にまとめる、②の決議内容を確認する。

・「来期も頑張っていきましょう」では、参加者が具体的にどう行動するべきかわからない。

　→会議で明らかになった課題と今後の対応を確認する。

解説

　会議の締め（エンディング）に関する問題です。

　会議の主催者や司会にとっては、伝えたいことが伝わったか、活発な意見交換をできたかどうか、といった点が気になります。ただ、活発な会議でも、後で振り返ってみると何も残らなかったということがよくあります。それは、本問の青山さんのようにエンディングが不適切な場合です。

　どれだけ活発な議論でも、1週間も経てば内容を忘れてしまいます。せっかくの会議をビジネスに生かすには、議事録を取るとともに（次問を参照）、まず内容・発見・決議事項などをまとめることが大切です。わかっているつもりでも、改めて会議の終わりに確認をすると、参加者の記憶が定着しやすくなります。

　また会議では時間・情報の制約などでその場では決まらない事項がありますし、参加者が具体的にどう行動すれば良いのかわからないということがよく起こります。そうならないためには、会議の終わりに今後の課題を明確にしておくと良いでしょう。

　「終わり良ければ総て良し」ということわざの通り、エンディングが会議の成果を大きく左右するのです。

68

議事録を取る

　店長会議で、営業企画課の谷口さんは議事録の作成を担当しました。
　以下は、谷口さんが店長会議の終了時点で書いたメモのうち、Ｐ142 の議論に関する部分です（後日、体裁を整えて正式版を作成・報告します）。

　本部長方針

　　① 売上高15億円、営業利益２億円を必達
　　② 顧客の声に耳を傾け、機動的に対応しよう
　　③ 無駄のないオペレーションを徹底しよう

　方針に関する賛成意見

　　① 営業時間を延長するべき
　　② お客様相談窓口を新設するべき
　　③ お客様への声掛けを徹底しよう

　方針に関する反対意見

　　① 配達サービスを縮小するべき

問題

　この議事録メモには問題があると思われます。問題点と
改善策を示してください。

解答

発言内容を整理・分類して記録している。

→整理・分類せず、出てきた主要な発言を時間順に記録する。

解説

　会議の議事録の作り方に関する問題です。

　大事な会議では、議事録を作成・共有するようにします。議事録を作成することで言った・言わないというトラブルを避けることができますし、参加者が論点や結論を明確に記憶し、共有することができます。

　議事録作成でよく起こす誤りは、本問の谷口さんのように、会議中に整理・分類をして記録することです。

「え、何がいけないの？」と思われるかもしれませんが、議論の最中に発言を整理・分類して記述しようとすると、整理・分類という考える作業と記述という手を動かす作業を同時に実施することになり、どちらか（あるいは両方）が不正確になってしまいます。また、記録係は議論に参加できなくなります。

　会議の最中に作成するメモは、整理・分類をせず、出てきた代表的な発言を時間順に機械的に記録するようにします。そして、会議の後、必要に応じてメモを見直して内容を整理・分類し、正式な議事録を作ります（必要なければそのまま）。

　なお、フォーマルな会議だけでなく、社内ミーティングでホワイトボードを使って議事をメモしながら議論する場合も、整理・分類せず書くようにします。

COLUMN

「会議の開始時間」

　会議の生産性を上げようというとき、会議の開始時間が問題になります。「10時ちょうどに開始します」と決めていても少しだけ遅れる人や「30分遅れるから先に始めておいて」という人が現れて、なかなか定刻に全員そろって始めることができません。もちろん、開始時に会議全体を方向付けるので（P135参照）、全員そろって会議を始めることが大切です。

　私の観察では、会議の時間に対する姿勢は、業種による違いが大きいように思います。日ごろから分単位で業務を管理している製造業や物流業は、開始5分前集合が徹底されています。最終的な納期さえ守れば良いコンテンツ制作系（ゲーム・広告・システムなど）は、会議開始時に半分しか集まっていないということがよくあります。小売りでは、開始時間はきちんと守りますが、終わりの時間にはルーズです。準備万端でお客様を迎えることを重視する一方、顧客サービスの向上には終わりがないからでしょう。

　会議の遅刻者が多いことに業を煮やしたあるシステム会社の社長は、一計を案じて、遅刻常習犯の従業員に会議の冒頭で簡単な発表をさせることにしました。ところが、発表を指名された社員はその時は時間通り来ますが、発表がないときは安心して堂々と遅刻するようになり、却って事態が悪化してしまいました……。

「会議に遅れたら罰金1万円」とか強硬手段を採ればたしかに遅刻者はいなくなりますが、別の問題も出てきそうです。会議の開始時間を守るというのは、意外と難しい問題のようです。

第 **7** 章

関係と成果を得る
商談・交渉

ビジネスでは、顧客・パートナー・金融機関といった外部の利害関係者との商談・交渉があり、商談・交渉の巧拙がビジネスの成果の大きさに直結します。ただ、売上などの成果が得られるだけでなく、相手との長期的な関係が深まるのが良い商談・交渉です。この章では、商談・交渉の基本的な考え方と進め方を学びます。

69 交渉可能範囲 (ZOPA) を確認する

　不動産ディベロッパーN社に所属する坂野さんは、マンション建設の用地取得を担当しています。

　このたびある関係者から候補地Aの情報が寄せられました。候補地Aの土地所有者は電子部品メーカーB社で、近く工場を閉鎖し敷地を売却したいようです。

　不動産鑑定士が算定した候補地Aの評価額は5億円です。その関係者によると、B社は9億円以上での売却を希望しているとのことです。

　一方、N社の事業企画部の担当者は、この土地でのマンション事業の将来性が高いことから6億円くらいまで出しても良いと言っています。

問題

　坂野さんは、候補地Aの買収交渉を進めるべきでしょうか。B社との交渉に進む前にどういう点を確認する必要があるでしょうか。

解答

① B社の希望売却価格9億円の性格。単なる希望なのか、絶対譲れない最低線なのか、どの程度まで最低売却価格を引き下げられそうか。

② 事業企画部が言う6億円は、譲歩の余地があるのかどうか。

→ 以上①②から、交渉可能範囲が生じるなら交渉に進む。生じないなら交渉しない。

解説

　　　　交渉の設計に関する問題です。交渉というと、交渉相手と対面して丁々発止のやりとりをする場面を想起する方が多いと思います。しかし、それ以上に大切なのが、事前の交渉の設計です。

　交渉の設計でまず大切なのは、妥結する可能性のない無駄な交渉はしないことです。妥結の可能性について、交渉可能範囲、ZOPA(ゾーパ)という考え方があります。

　ZOPAとはZone Of Possible Agreementの略で、今回の売買交渉では、売り手の留保価値（最低これ以上の価格で売りたい）が買い手の留保価値（この価格よりも高い価格では買いたくない）を下回っていれば、ZOPAが生まれます。

　この問題で、B社の最低売却価格9億円が買い手の最高購入価格を上回っており、ZOPAはありません。現時点では、交渉をするべきではない、となります。

　ただ解答のような確認作業によって、ZOPAが生まれる場合があります。たとえば、B社の希望売却価格7億円に引き下げ、当社が希望購入価格を8億円まで引き上げればZOPAが生まれ、7億円から8億円の間で交渉が妥結する可能性が出てきます。

N社の希望（変更後）

B社の希望（変更後）

事前に
交渉力を確認する

　金融機関に勤務する片山さんは、コンサルティング会社に転職することを決意しました。早速、転職支援会社に登録したところ、複数のコンサルティング会社が片山さんに興味を持ったようで、再来週、まずテラ・コンサルティング社と面接することになりました。

　現在、片山さんの年収は 700 万円です。テラ・コンサルティングから報酬の具体的な提示はなく、転職支援会社によると「最近テラに転職した方の初年度年収は 600 ～ 900 万円と幅があり、交渉次第」とのことです。

　片山さんはテラ・コンサルティングのことを気に入っており、年収が現在よりも上がるなら転職を決めたいと思います。

　片山さんはこれまで転職活動の経験がなく、どれくらいの年収で転職を決めればよいのか迷っています。

問題

　ここまでの条件なら妥協できるという条件を留保価値と言います。今回の交渉での留保価値を決めるにあたり、片山さんはどういうことを調べるべきでしょうか。

解答

① テラ・コンサルティングへの転職希望者の状況（応募者数・希望年収など）。
② 現在の勤務先で年収が今後どう変化するか。
③ 他のコンサルティング会社の年収や内定の難易度。

解説

　交渉の設計で次に大切なのは、交渉力の大きさを確認することです。交渉の結果は、交渉のテーブルでの交渉術よりも、お互いの交渉力の相対的な大きさで決まります。そして、交渉力の大きさは BATNA で決まります。

　BATNA（バトナ）とは英語で、Best Alternative To a Negotiated Agreement の略で、「交渉が決裂した時の次善の策」のことです。つまり、交渉力はお互いが提示している要求値ではなく、交渉が決裂した時のセカンドベストの大きさによって決まるのです。

　この問題で片山さんは、まず相手の交渉力を調べます（①）。テラ・コンサルティングに応募者が多い買い手優位の状態なら、同社の交渉力は大きく（＝片山さんの交渉力は小さく）なります。①を調べるのは現実的にはなかなか難しいでしょうが、転職支援会社に訊ねてみると良いでしょう。

　次に自分自身の交渉力を確認します。コンサルティング会社への転職がうまく行かなかったとき、現在の勤務先に勤め続けるなら、「年収 700 万円で現在の会社に勤め続ける」が片山さんの BATNA です。ただし、現在の勤務先での年収が今後増減するなら BATNA が変化しますから、確認しておきます（②）。

　また、他のコンサルティング会社に良い条件で転職できるなら、BATNA になるかもしれません（③）。転職支援会社に確認します。

　大切なのは、交渉に入る前に BATNA と留保価値を確認することです。

　社会人教育機関で営業をしている長岡さんは、ハロー製薬の人材育成課長を営業訪問する予定です。

　ハロー製薬とは長年にわたってたくさんの取引があり、長岡さんは今回、以下の４つの項目を提案・交渉したいと思っています。

Ａ：新たに役員向け研修を導入する
Ｂ：研修などの代金の支払い条件を変更する
Ｃ：すでに毎年実施している新人研修の担当講師を来期から変更する
Ｄ：すでに実施している通信教育の選択科目に新たに５科目を加える

　この４項目で、長岡さんにとって重要性が高いのは、高い方からＡ→Ｂ→Ｄ→Ｃの順です。また、相手と妥結に至る難易度は、難しい方からＢ→Ａ→Ｃ→Ｄの順です。

　なお、人材育成課長は先月交代したばかりで、長岡さんは面識はありますが、信頼関係まではありません。

問題

　長岡さんは、４項目をどういう順序で交渉するべきでしょうか。

解答

D→C→A→B

解説

　交渉の順序に関する問題です。今回の長岡さんのように、複数の事がらを交渉したいという場合があります。そのとき、何から交渉するかという順序を決める必要があります。

　物事を決めるには決定基準が必要で、ここでは「重要性」と「妥結に至る難易度」の2つを挙げています。そして、「妥結に至る難易度」を重視して順序を決めています。

　交渉の成果を考えると、こちらとしては重要なことをまず交渉したいところです。しかし、信頼関係が構築できていない相手の場合、最初に重要なことを交渉して決裂してしまうと、その後の簡単なことの交渉に進めず、容易に妥結しそうなことまで含めて"全滅"になってしまう危険性があります。

　長岡さんのケースでは、まず妥結しやすいことから交渉することで、「了解！」「了解！」と進みます。お互い妥結すると、そこに信頼関係が生まれ、徐々に信頼関係を深めながら気持ちよく難しい事がらの交渉へと進むことができます。このやり方で、トータルで得られる成果が大きくなります。

　ただし、相手との信頼関係がすでにあり、交渉の時間的な制約がある場合など、まず重要性なことに的を絞って交渉するのが適切です。交渉の順序に絶対のルールはないということになります。

72

自己紹介で
相手との距離を縮める

　坂野さんは、不動産会社のN社に勤めていて、マンション建設の用地取得を担当しています（P150の続き）。

　早速、坂野さんは意向を確認するためにB社を訪問し、総務部長の金井さんにあいさつしました。以下は、あいさつの後の坂野さんの自己紹介です。

「当社は、1982年に創業した不動産会社で、首都圏を中心にマンションなど住居用不動産の開発・販売をしています。

　わたくしは、事業企画部門に所属し、マンション用地など不動産の買い取りを担当しています。

　御社のニーズにお応えできるよう全力を尽くしますので、何卒よろしくお願いいたします」

問題

　坂野さんの自己紹介は、商談・交渉の自己紹介としては物足りない点があります。物足りない点を指摘し、改善案を示してください。

解答

・会社の概要と自分自身の担当業務を説明しただけで、特徴や強みなどの情報が相手に伝わっていない。

　　→たとえば、「わが社は自己資本比率73%と資金力があります」「わたしはただ買い取りさせていただくだけでなく、税務対応など総合的なサービスをご提供しています」などと特徴や強みをアピールする。

・相手との心理的な距離を縮めることができていない。

　　→ビジネスの話題でアイスブレイクする。

解説

　商談・交渉での自己紹介に関する問題です。

　商談・交渉の成否は、条件提示などの内容もさることながら、交渉相手と信頼関係を構築できるかどうかに大きく左右されます。信頼関係を構築する上で、最初の挨拶と自己紹介は重要です。

　初対面の自己紹介でわたしたちは、坂野さんのように会社の概要や自分の担当業務を形式的に説明しがちです。しかし、相手の自分に対する印象を良くして、相手との距離を縮めるためには、解答のように、自社・自分自身の両方について特徴や強みなどをアピールすると良いでしょう。

　ただ、最初からあまりアピールばかりすると、相手は警戒し、引いてしまいます。リラックスできる話題を持ち出して、アイスブレイクをすることも考慮します（必要に応じて行います）。

　アイスブレイクでは、商談・交渉と直接関係ない軽い話題、相手が関心を持ちそうな話題にします。ただ、天気やスポーツのようなまったく関係ない話題だと本題に入るとき、「さて、本日の用件ですが……」と切り替えが必要で、再び硬い雰囲気に戻ってしまいます。相手の会社の商品や相手が所属する業界のニュースなど、ビジネスに近い話題が良いでしょう。

73

相手のニーズを探る

　藤田さんは、システムインテグレーターで営業をしています。最近力を入れて営業しているのは、事業の業績を多面的に評価するバランスト・スコアカード（BSC）のシステムです。

　先日、藤田さんは、専門商社L社を訪問し、管理部の谷崎部長にBSCの導入を提案しました。

　当社はL社とは20年以上の取引があり、基幹業務システムなど多くのシステムを導入しています。藤田さんがL社の担当になってまだ3か月ですが、谷崎部長とは既納入システムのことなどで、これまで2度会ったことがあります。

　L社を訪問した藤田さんは、商品紹介のパンフレットを見せながら、BSCの概要・考え方・メリット・他社の導入状況などを説明しました。

　しかし、谷崎部長は藤田さんの説明にあまり興味を示しませんでした。20分話を聞いた後、「また機会があったらいろいろお話を聞かせてください」と言って面談を打ち切りました。

問題

　藤田さんの提案の進め方には問題があったと思われます。
問題点と改善策を示してください。

解答

　プロダクトアウトの発想で自社の商品を売り込むことだけを考えていて、Ｌ社のニーズを検討していない。

　→まず相手のニーズを探る。そのためには、Ｌ社の経営の問題点について聞く。

解説

　商談の進め方のうち、ニーズの把握に関する問題です。

　商談では、どうしても「売りたい！」という気持ちが先に立ち、藤田さんのように自社商品を売り込むことに集中しがちです。マーケティングで言うプロダクトアウトです。

　ものがあふれる今日、売れるのは顧客が本当に「欲しい！」と思う商品だけです。顧客が消費者の場合、生活を豊かにしてくれる商品、顧客が企業の場合、顧客のビジネスの問題を解決してくれる商品です。

　したがって藤田さんの場合、商談では自社商品のことはひとまず脇に置いて、相手の経営の問題点を探ることから始めます。相手が経営の問題点を明確に認識しているなら、聞き出せばいいのですが、認識が不十分な場合、一緒に考えます。

　問題は現状とあるべき姿のギャップなので、ＳＷＯＴ（Strength 強み、Weakness 弱み、Opportunity 機会、Threat 脅威）で経営環境を確認し、ビジョン・経営戦略・中期経営計画などあるべき姿を確認し、問題点を列挙します。

　そして、問題のうち、自社商品が解決を貢献できそうなものを見つけ出し、商品の提案へと結びつけます。商品を売り込むのは、かなり後の段階になるのです。

74 初期要求値を設定する

　藤田さんは、システムインテグレーターで営業をしています。

　先日、今まで取引のない鉄鋼会社のK社に対しバランスト・スコアカード（BSC、事業の業績を多面的に評価する仕組み）のシステム導入を提案しました。

　提案にあたり藤田さんは、大雑把な見積もりを計算したところ、K社の事業規模・従業員数からすると1,500万円くらいが適正な販売価格でした。1,500万円を提示しようとして見積書を書いていたところ、同じ職場の先輩社員から「交渉というのは、初回はかなり高めの値段を出して段階的に値段を下げていくものだ」とアドバイスを受けました。

　そこで藤田さんは、アドバイスにしたがって3,000万円で見積書を作り、K社に提示しました。

　すると、K社との商談はとんとん拍子で進み、最初に提示した3,000万円で販売することができました。

問題

　藤田さんの商談の進め方には問題があると思われます。どのような問題があり、どう改善するべきでしょうか。

解答

K社をだましたことになり、K社と長期的な関係を築くことができない
　→1,700万円くらいの現実的な初期要求値にする。

解説

　交渉（商談）での初期要求値に関する問題です。

　交渉相手に対する最初の要求の大きさのことを初期要求値と言います。（原則として）初期要求値を上回って妥結することはないので、実際の期待値よりも高めに初期要求値を設定します。そして、交渉を経てZOPAの中で合意を形成していきます。

　ここで、自分の利益を最大化しようとして、藤田さんのように現実離れした過大な初期要求値を設定する場合があります。

　交渉慣れしている相手なら、大きな初期要求値からスタートして何度か交渉を重ねて合意に至ることを知っているので、それほど問題ありません。しかし、交渉慣れしていない相手の場合、「本気で交渉する気があるのか？」と交渉に臨む姿勢を疑われ、初回で決裂してしまったりします。

　今回は、交渉慣れしていない（あるいはシステムに無知な）K社がこちらの初期要求値で買ってくれたので、万々歳の結果だと思うかもしれません。しかし、やがてK社が高値で買ってしまったと知ると、K社は藤田さんに不信感を持ち、長期的な取引関係を築くことはできません。

　一時的な利益よりもウィン・ウィンの長期的な関係構築を目指すなら、あまり現実離れした初期要求値を設定するのは避けた方が良いでしょう。

交渉を
コントロールする

　オフィス清掃サービス業者で営業を担当している国広さんは、ある自治体から引き合いを受けました。先週、1回目の訪問で相手からニーズを聞き取り、見積書を作成し、明日2度目の商談に訪問するところです。

　これまで国広さんは、先輩から教えられた通り、見積書をまず相手に渡し、見積書を元に価格など条件を交渉していました。

　ところが、あるビジネス書を読んだら「交渉は後出しジャンケンが基本。相手から条件提示してもらうのが交渉に勝つ秘訣」と書いてありました。あわててネット検索したところ、先出しを勧める意見も後出しを勧める意見もありました。

　ちなみにその自治体は、これまで職員が自分で清掃をしており、外部のオフィス清掃サービス業者を利用したことはありません。

問題

　国広さんは、条件を自分から先に提示するべきでしょうか、後から提示するべきでしょうか。理由も考えてみてください。

解答

従来通り、自分から先に条件を提示する。理由は、解説を参照。

解説

　前問に続き、交渉での条件提示に関する問題です。交渉での重要な論点として、相手より先に条件を提示するべきか、後から出すべきか、という問題があります。問題にも書かれている通り、実は一致した見解があるわけではなく、先出しがうまく行く場合も後出しがうまく行く場合もあるようです。

　後出しのメリットは、交渉をコントロールし、大きな利益を得やすいことです。たとえば留保価値（これ以上は譲れないという価格）が月５万円で、それを先出しで提示すると、５万円で買うか買わないかという選択になり、もう自分には打ち手が残っていません。

　それに対し、まず相手に「いくらなら買っていただけますか」と訊ね、たとえば、「７万円」と提示があったらそのまま７万円で販売します。「４万円」と提示されたら、５万円以上になるように交渉します。たとえば、「６万円」を後出しで提示し、「お互い１万円ずつ譲り合って５万円にしましょうか」というわけです。このように相手の出方によって有利な交渉ができるので、「後出しジャンケンが基本」となるわけです。

　ただ、一般に売り手（国広さん）はその商品のことをよく知っていますが、買い手（自治体）はよく知りません。売り手と買い手で情報格差がある状態を情報の非対称性と言います。情報を持たない買い手が先に合理的な条件提示をするのは困難で、困難な条件提示を強いられることに不快感を示すかもしれません。「こっちは素人で相場観なんてないんだから、プロのあんたがまず条件を出してよ」というわけです。

　一般的な情報の非対称性の状況では、先出しジャンケンが基本になります。

76 妥協点を探る

中山さんは半導体製造装置メーカーで営業をしています。

先月、半導体メーカーのＰ社の担当者・緒方さんから引き合いが来て、中山さんはこれまで２度商談をしてきました。Ｐ社が導入を検討している機種はカタログ価格（標準販売価格）が８億円で、中山さんは１度目に商談でこの価格を提示しました。

緒方さんは、この機種をたいへん気に入っており、「ぜひとも購入したい」と口にしています。ただ、予算の制約が厳しく、「５億円までしか出せない」と２度目の商談で言いました。

中山さんが営業管理部門に確認したところ、「６億円までは値引きして良い。６億円を下回る価格では販売しないように」と厳命されました。なお、販売代金の回収条件（支払い条件）は商品納入後、翌月末払いです。

今日は３度目の商談で、中山さんは商談をまとめたいと考えています。

中山さん「５億円というご要望はちょっと厳しいです。６億円までならお値引きできるのですが。何とかご理解いただけますでしょうか」

緒方さん「６億円ですか。ご理解とおっしゃっても、他にも投資案件が立て込んでおり、今期は５億円までしか資金をねん出できないんですよ」

中山さん「そうですか、どうにもなりませんか？」

緒方さん「ええ、残念ですが……」

問題

中山さんはこの状況にどう対応するべきでしょうか。

解答

以下のような代替案を提案する。

　　① 来年度以降に販売する約束で、今年は試験導入の形で無償貸与する。

　　② リースで販売する

　　③ 代金支払いを分割にする

　　　（代替案の例で、実現性などは考慮していません。）

解説

　交渉（商談）では、お互いが条件を提示し、意見交換し、最終的に何らかの条件で妥結することを目指します。よくウィン・ウィンの関係と言われるように、交渉の当事者双方が納得する落としどころで妥結するのが理想です。ただ現実には、本問のようにＺＯＰＡが存在せず、利害の対立を解消できない場合があります。

　中山さんは緒方さんに「何とかご理解いただけますでしょうか」「どうにもなりませんか？」と繰り返し妥協を迫っていますが、これ以上妥協を迫るのは得策ではありません。緒方さんが妥協することは期待しにくいですし、仮に妥協して６億円で成約したとしても、中山さんと緒方さんが信頼関係を作って長期的に取引を続けることは難しいからです。

　そこで、解答のように、第三の道として代替案を模索します。たとえば、６億円が資金的に厳しいというだけなら、③のように支払い条件を緩めることが考えられます。

　なお、商談・交渉の場でこうした代替案をとっさに提案するのはなかなか困難です。相手が譲歩しない場合にどういう代替案を提示できるのか、面談の前に検討しておくと良いでしょう。

自信を持って
クロージングする

　住宅販売会社で営業をしている沼田さんは、新築一戸建ての購入を検討している大場さんご夫妻にある物件を紹介しました。大場さんご夫妻はこの物件を気に入り、価格にも納得している様子です。また、親身になって商品説明をする沼田さんのことを信頼しているようです。

沼田さん　「ご説明は以上ですが、ご不明な点などありますか？」
大場さん妻「いえ、よく理解できました。素敵な物件です。ねぇ、あなた」
大場さん夫「ああ、そうだね」
沼田さん　「ご購入につきご検討いただくことは無理でしょうか？」
大場さん夫「いや、無理ではないけれども」
沼田さん　「あ、まあ、なんと言っても一生に一度の大きな買い物ですからね。すぐには決められませんよね」
大場さん妻「そう言われると、そうですね」

　結局、それから日を改めてもう一度商談しましたが、商談は成約しませんでした。

問題

　沼田さんの商談の進め方には問題があります。問題点と改善策を指摘してください。

解答

① 自信なさげである。

　→自信を持って相手の判断を評価し、決断を促す。「当社の自信の物件です。ご納得いただけたようで、ありがとうございます」

② クロージングを明確に切り出していない。

　→明確に判断を迫る。「是非ともご購入いかがでしょうか？」

③「無理」「決められません」という否定語を使っている。

　→否定語を使わない。「ご購入につきご検討をお願いします」

④「一生に一度の大きな買い物」という決断を鈍らせる発言をしている。

　→決断することのメリットを強調する。「またとない貴重な物件です」

解説

　商談のクロージングに関する問題です。商談の最後に見込み客に買うか、買わないかという結論を出してもらうことクロージングと言います。見込み客が自分のことを信頼している、商品を大いに気に入っている、でも買ってくれない、という営業担当者がよくいます。そういう残念な営業パーソンは、たいていクロージングに問題があります。

「今すぐ買うぞ」という見込み客は少なく、良い商品でも「今買うべきかな」「もっといい物件はないものかな」と迷っているのが普通です。そういう迷っている見込み客に対して沼田さんのようなクロージングをすると、売れるものも売れません。解答のように、自信を持って、明確かつ肯定的に相手に決断を促します。

　売るという行為に罪悪感を持つ営業パーソンがいますが、価値のある商品を売る、お客様が納得して買うというのは、まさに究極のウィン・ウィンなのです。

COLUMN

「 "交渉の達人" から学ぶべきか」

　交渉、とくに商談で成果を上げたいというのはビジネスパーソンの切実な悩みのようで、交渉・商談をテーマにした書籍・セミナーが多数あります。基本的には有益なものが多いのですが、少し注意を要するのは「歴史上の "交渉の達人" から学ぼう」というたぐいのものです。

　歴史上の有名な交渉事例には、江戸城を無血開城した西郷隆盛と勝海舟の交渉のようにウィン・ウィンの交渉もあります。しかし、大半はウィン・ルーズの交渉、しかも、相手を欺いたり、丸め込んだりする謀略・調略のたぐいです。

　たとえば、織田信長の後継者を決める清須会議で羽柴秀吉（のちの豊臣秀吉）は、織田信長の孫でわずか3歳の三法師を担ぎ出すという奇策で、対立する柴田勝家らを排除するだけでなく、実質的な後継者の地位を得ました。典型的なウィン（秀吉）・ルーズ（柴田勝家）の交渉です。

　秀吉の交渉術はあまりにも見事ですが、果たしてビジネスパーソンの参考なるでしょうか。ビジネスで売り手と買い手の関係は、1回限りの売買でなく、長期的に取引を続けることが期待されます。長期的な関係は、お互いが相手と取引することで満足するのが前提であり、ウィン・ウィンの関係が基本なのです。

　歴史上の偉人からは、リーダーシップ・戦略思考・組織運営など多くのことを学べます。ただ、交渉・商談という点では、あまり参考にならないという点に注意しましょう。

おわりに

　読み終えて、いかがでしょうか。

　われわれは職場や家庭で当たり前のようにコミュニケーションをしますが、「意外と頭を使っていなかったんだなぁ」と実感されたことと思います。

　ロジカルに考えるというと、よく「あいつは地頭が良い」という言い方がされるように、持って生まれた頭の良し悪しが問題になります。たしかに、ゼロから何かを考えるという場合、頭の良し悪しが大いに関係します。

　しかし、日常のコミュニケーションでは地頭よりも"慣れ"の方がはるかに重要です。

　つまり、コミュニケーションにはパターン・型がありますから、まず本書で紹介したパターン・型を理解し、それをビジネスの現場で実践します。実践を繰り返してパターンに慣れると、コミュニケーションが円滑になるだけでなく、やがて考える力自体も上がっていくのです。

　ロジカルなコミュニケーションのパターン・型は本書で学びました。あとは実践し、慣れて、成果を実現していただくことです。

　本書によって、読者の皆さんのコミュニケーションが改善し、素晴らしいビジネスライフを送られることを期待しています。

2017 年 11 月

日沖健

索　引

著者紹介

日沖　健（ひおき　たけし）

日沖コンサルティング事務所 代表

産業能率大学 講師、中小企業大学校 講師

慶應義塾大学卒、Arthur D. Little School of Management 修了 MBA with Distinction.

日本石油（現・JXTG）勤務を経て現職

専門：経営戦略のコンサルティング、経営人材育成

著者：『戦略的トップ交代』『戦略的事業撤退の実務』『成功する新規事業戦略』
　　　『実戦ロジカルシンキング』『問題解決の技術』『歴史でわかるリーダーの器』
　　　『コンサルトが役に立たない本当の理由』『変革するマネジメント』『経営人材育成の実践』
　　　『全社で勝ち残るマーケティング・マネジメント』『社会人のための問題解決力』
　　　『ケースで学ぶ経営戦略の実践』『ワンランク上を目指すための ロジカルシンキング トレーニング 77』『できるマネージャーになる！マネジメントトレーニング 77』など。

hiokiti@soleil.con.ne.jp

ビジネスで使いこなすための
ロジカルコミュニケーション 77 〈検印廃止〉

著　者	日沖　健
発行者	飯島聡也
発行所	産業能率大学出版部
	東京都世田谷区等々力 6-39-15　〒 158-8630
	（電話）03（6432）2536
	（FAX）03（6432）2537
	（振替口座）00100-2-112912

2017 年 11 月 30 日　初版 1 刷発行

印刷所・製本所／日経印刷

（落丁・乱丁はお取り替えいたします）　　　　　ISBN 978-4-382-05751-7

無断転載禁止